Weiterführend empfehlen wir:

Wir freuen uns über Ihr Interesse an diesem Buch. Gerne stellen wir Ihnen zusätzliche Informationen zu diesem Programmsegment zur Verfügung.

Bitte sprechen Sie uns an:

E-Mail: WALHALLA@WALHALLA.de
http://www.WALHALLA.de

Walhalla Fachverlag · Haus an der Eisernen Brücke · 93042 Regensburg
Telefon (09 41) 56 84-0 · Telefax (09 41) 56 84-111

Bernd Röger

# Finanzielle Hilfen

# für Menschen

# mit Behinderung

Zuschüsse, Vergünstigungen, Erleichterungen kennen und voll ausschöpfen

## 3., aktualisierte Auflage

WALHALLA Rechtshilfen

**Bibliografische Information der Deutschen Nationalbibliothek**

Die Deutsche Nationalbibliothek verzeichnet diese Publikation in der Deutschen Nationalbibliografie; detaillierte bibliografische Daten sind im Internet über http://dnb.d-nb.de abrufbar.

Zitiervorschlag:
**Bernd Röger,** Finanzielle Hilfen für Menschen mit Behinderung
Walhalla Fachverlag, Regensburg 2010

**Hinweis:** Unsere Werke sind stets bemüht, Sie nach bestem Wissen zu informieren. Die vorliegende Ausgabe beruht auf dem Stand von September 2010. Verbindliche Auskünfte holen Sie gegebenenfalls beim Rechtsanwalt ein.

3., aktualisierte Auflage

Produktion: Walhalla Fachverlag, 93042 Regensburg
Umschlaggestaltung: grubergrafik, Augsburg
Druck und Bindung: Westermann Druck Zwickau GmbH
Printed in Germany
ISBN 978-3-8029-7411-3

*Nutzen Sie das Inhaltsmenü:*
*Die Schnellübersicht führt Sie zu Ihrem Thema.*
*Die Kapitelübersichten führen Sie zur Lösung.*

**Schnellübersicht**

Schnellübersicht

# Ergreifen Sie die Initiative

In der BRD leben rund 6,9 Mio. schwerbehinderte Menschen. Bezogen auf die gesamte Bevölkerung ist demnach jeder zwölfte Einwohner behindert. Das sind immerhin 8,4 Prozent. Oftmals wissen die Betroffenen jedoch nicht, welche finanziellen Leistungen ihnen zustehen; es ist ihnen peinlich, danach zu fragen oder einen entsprechenden Antrag zu stellen.

Allerdings wird es den Betroffenen auch nicht gerade leicht gemacht; denn es ist nicht allein damit getan, dass verkündet wird, welche finanziellen Hilfen es gibt. Das Problem liegt darin, dass derartige Zuwendungen beantragt werden müssen. An wen kann man sich hierfür wenden? Wer hilft beim Ausfüllen der nötigen Formulare?

Zwar gibt es zu diesem Thema Broschüren und sonstiges Informationsmaterial, aber leider finden sich darin oft unverständliche Formulierungen, so dass Sie nach dieser Lektüre genauso schlau sind wie vorher. Oder aber: Sie werden erst gar nicht über mögliche Ansprüche aufgeklärt.

Und um die Unsicherheit und Verwirrung komplett zu machen: Die angebotenen Leistungen für behinderte Menschen sind je nach Bundesland nicht selten sehr unterschiedlich.

Es gibt zwar viele nützliche Ratgeber, Broschüren und Leitfäden über Krankheiten, die zu einer Behinderung geführt haben. Sie erfahren darin alles über Medizin und wissenschaftliche Fortschritte, sehen sich aber häufig mit unverständlichen Fachbegriffen konfrontiert.

Dieser Walhalla-Fachratgeber hingegen informiert Sie umfassend und verständlich über die finanzielle Seite Ihrer Behinderung. Er zeigt Ihnen, wo finanzielle Unterstützung beantragt werden muss und wer Ihnen beim Ausfüllen von Anträgen behilflich sein kann.

**Praxis-Tipp:**

Beantragen Sie alle Leistungen, die Ihnen zustehen. Verschenken Sie nichts.

# Abkürzungen

| | |
|---|---|
| BAföG | Bundesausbildungsförderungsgesetz |
| BEG | Bundesentschädigungsgesetz |
| BSHG | Bundessozialhilfegesetz |
| BVG | Bundesversorgungsgesetz |
| EStG | Einkommensteuergesetz |
| GdB | Grad der Behinderung |
| GEZ | Gebühreneinzugszentrale |
| GHBG | Gesetz über die Hilfen für Blinde und Gehörlose |
| GKV | Gesetzliche Krankenversicherung |
| MdE | Minderung der Erwerbsfähigkeit |
| PKV | Private Krankenversicherung |
| SGB | Sozialgesetzbuch |
| StVO | Straßenverkehrsordnung |
| VVG | Versicherungsvertragsgesetz |
| WBS | Wohnberechtigungsschein |

**Alle Merkzeichen auf einen Blick**

| | |
|---|---|
| aG | Außergewöhnliche Gehbehinderung |
| B | Notwendigkeit einer ständigen Begleitung |
| Bl | Blindheit |
| G | Beeinträchtigung der Bewegungsfähigkeit im Straßenverkehr |
| Gl | Gehörlosigkeit |
| H | Hilflosigkeit |
| RF | Befreiung von der Rundfunkgebührenpflicht |

# Antragstellung für einen Schwerbehindertenausweis

**1**

# 1. Erstantrag

Jeder Antrag auf einen Schwerbehindertenausweis muss bei der zuständigen Kreisverwaltung bzw. beim Versorgungsamt gestellt werden. Dort wird das Vorliegen einer Behinderung, der Grad der Behinderung (GdB) und weitere gesundheitliche Voraussetzungen für die Inanspruchnahme von Nachteilsausgleichen geprüft. Die Antragstellung kann zunächst formlos erfolgen. Auf ein formloses Schreiben hin sendet der Kreis (Sozialamt) Ihnen einen Antragsvordruck zu.

Dort werden außer Angaben zur Person auch Angaben zu den Gesundheitsstörungen, zu ärztlichen Behandlungen, Krankenhausaufenthalten, Rehabilitationsverfahren etc. benötigt.

**Praxis-Tipp:**

Geben Sie alle behandelnden Ärzte mit Anschrift an, damit umgehend eine Arztanfrage gestellt werden kann.

Wenn der ausgefüllte und unterschriebene Antrag zusammen mit den benötigten Unterlagen beim Kreis bzw. Versorgungsamt vorliegt, werden die von Ihnen benannten Ärzte, Krankenhäuser und sonstige Stellen angeschrieben und um Übersendung entsprechender Informationen über Ihren Gesundheitszustand gebeten.

Sobald die notwendigen medizinischen Unterlagen vorliegen, werden sie an den ärztlichen Dienst der zuständigen Behörde weitergeleitet. Dort erfolgt die Auswertung der Unterlagen. Sind die entsprechenden Voraussetzungen erfüllt, wird ein Feststellungsbescheid über den GdB und ein Merkzeichen erteilt.

**Wichtig:** Es wird erst dann ein Schwerbehindertenausweis ausgestellt, wenn der GdB mindestens 50 beträgt.

**Praxis-Tipp:**

Achten Sie rechtzeitig auf die Verlängerung Ihres Ausweises, wenn dieser nur befristet gültig ist.

## 2. Verschlimmerungsantrag

Verschlechtert sich der Gesundheitszustand, kann ein höherer GdB bescheinigt werden. Hierzu ist wie beim Erstantrag zu verfahren. Behandelnde Ärzte und Krankenhäuser werden dann erneut um Auskunft gebeten.

**Wichtig:** Ergibt die Prüfung der Voraussetzungen, dass sich der Gesundheitszustand gebessert hat oder die vorherige Bewertung unrichtig war, kann der GdB herabgesetzt werden.

## 3. Gültigkeit und Verlängerung des Ausweises

Die Dauer der Gültigkeit eines Schwerbehindertenausweises ist auf dem Anschreiben des Kreises (Sozialamts) bzw. Versorgungsamtes ersichtlich. Die maximale Gültigkeitsdauer beträgt fünf Jahre. Dasselbe gilt entsprechend auch für eine Verlängerung des Ausweises.

**Praxis-Tipp:**

Beantragen Sie rechtzeitig (ca. drei Monate vor Ablauf) eine Verlängerung der Gültigkeitsdauer. Eine Verlängerung ist zweimal möglich; danach wird ein neuer Ausweis ausgestellt.

**Wichtig:** Ist eine Änderung des Gesundheitszustands nicht zu erwarten, kann der Ausweis auch unbefristet ausgestellt werden.

# Merkzeichen auf dem Schwerbehindertenausweis

# 2

Um bestimmte Rechte in Anspruch nehmen zu können (z.B. Freifahrten im öffentlichen Personenverkehr), muss im Ausweis u.a. das jeweilige Merkzeichen eingetragen sein. Die unterschiedlichen Merkzeichen sind im Nachfolgenden beschrieben.

# 1. Beeinträchtigung der Bewegungsfähigkeit im Straßenverkehr (G)

Dieses Merkzeichen wird nur dann im Ausweis eingetragen, wenn der Betroffene in seinem Gehvermögen eingeschränkt ist. Die Bewegungsfähigkeit im Straßenverkehr kann auch durch innere Leiden (z.B. Herzschäden) eingeschränkt sein.

**Wichtig:** Nach heutiger Rechtsprechung gilt als ortsübliche Wegstrecke eine Strecke von etwa zwei Kilometern, die in etwa einer halben Stunde zurückgelegt wird.

Diese Voraussetzung kann auch erfüllt sein, wenn die Orientierungsfähigkeit des behinderten Menschen erheblich gestört ist (z.B. Sehbehinderung ab einem GdB von 70). Liegt der GdB in dem Fall unter 70 (z.B. 50 oder 60), kann die Voraussetzung auch erfüllt sein, wenn die Kombination mit einer anderen Behinderung (Störung der Ausgleichsfunktion – z.B. Schwerhörigkeit beidseitig) einen GdB von 70 ergibt.

> **Praxis-Tipp:**
>
> Dem Ausweisinhaber steht die Beförderung mit öffentlichen Verkehrsmitteln nur dann zu, wenn er eine entsprechende Wertmarke besitzt. Alternativ besteht die Möglichkeit einer 50-prozentigen Kfz-Steuerermäßigung.

# 2. Außergewöhnliche Gehbehinderung (aG)

Dieses Merkzeichen wird im Ausweis eingetragen, wenn sich der Betroffene nur mit fremder Hilfe oder mit großer Anstrengung fortbewegen kann.

**Wichtig:** Die Fortbewegung muss auf das Schwerste eingeschränkt sein. Eine Einschränkung des Orientierungsvermögens alleine reicht hierfür nicht aus.

**Praxis-Tipp:**

Neben der unentgeltlichen Beförderung mit öffentlichen Verkehrsmitteln (bei Vorliegen einer gültigen Wertmarke) steht dem Ausweisinhaber eine 100-prozentige Kfz-Steuerermäßigung zu. Näheres zu den Voraussetzungen finden Sie im Kapitel „Kfz-Steuerermäßigung und Freifahrt".

## 3. Notwendigkeit einer ständigen Begleitung bei Benutzung von öffentlichen Verkehrsmitteln (B)

Dieses Merkzeichen ist auf der Vorderseite des Ausweises eingetragen und durchgestrichen. Es wird erst dann gültig, wenn die Berechtigung zur Mitnahme einer Begleitperson nachgewiesen wurde. Eingetragen wird es nur, wenn außerdem eine erhebliche (außergewöhnliche) Gehbehinderung (Merkzeichen „aG") festgestellt wurde.

Der vormals gültige Satz „Die Notwendigkeit ständiger Begleitung ist nachgewiesen" ist seit Dezember 2006 hinfällig. Stattdessen ist der Hinweis „Berechtigung zur Mitnahme einer Begleitperson" eingedruckt.

**Wichtig:** Der Berechtigte darf im öffentlichen Personenverkehr ohne km-Begrenzung eine Begleitperson kostenlos mitnehmen, auch wenn er selbst bezahlen muss.

Der Ausweisinhaber darf beispielsweise mit dem Intercity fahren und eine Begleitperson kostenlos mitnehmen. Es ist lediglich eine Fahrkarte für den Ausweisinhaber erforderlich.

## 4. Befreiung von Rundfunkgebühren (RF)

Voraussetzung für die Eintragung dieses Merkzeichens ist ein GdB von mindestens 80. Weiterhin wird vorausgesetzt, dass der behinderte Mensch allgemein von öffentlichen Zusammenkünften ausgeschlossen ist.

**Wichtig:** Ist ein Mensch mit Behinderung berufstätig, so ist diese Tatsache grundsätzlich ein Beweis dafür, dass öffentliche Veranstaltungen – zumindest gelegentlich – besucht werden können. Das Merkzeichen „RF" wird dann verweigert.

**Praxis-Tipp:**

Wer von der Rundfunkgebührenpflicht befreit ist, erhält in aller Regel auch den sogenannten Sozialtarif der Deutschen Telekom. Diese Ermäßigung der Telekom ist freiwillig und beträgt derzeit monatlich 6,94 Euro. Für Blinde, Gehörlose und Sprachbehinderte mit einem GdB von mindestens 90 beträgt die Ermäßigung 8,72 Euro. Die Ermäßigung entfällt, wenn eine Telefon-Flatrate vereinbart ist.

Die Befreiung von der Rundfunkgebührenpflicht muss bei der GEZ beantragt werden. Sie gilt erst ab dem Folgemonat nach Antragseingang.

| Befreiungskriterien auf einen Blick | |
| --- | --- |
| Welche Kriterien müssen erfüllt sein? | Welche Unterlagen sind erforderlich? |
| 1. Sozialhilfeempfänger | Aktueller Sozialhilfebescheid |
| 2. Empfänger von Grundsicherung im Alter und bei Erwerbsminderung | Aktueller Bescheid über den Bezug von Grundsicherung |
| 3. Empfänger von Sozialgeld oder Arbeitslosengeld II | Aktueller Bewilligungsbescheid |
| 4. Empfänger von Leistungen nach dem Asylbewerberleistungsgesetz | Aktueller Bescheid über den Bezug von Asylbewerberleistungen |
| 5. Empfänger von Ausbildungsförderung (BAföG), wenn sie nicht bei ihren Eltern leben | Aktueller BAföG-Bescheid |
| 6. Sonderfürsorgeberechtigte im Sinne des § 27e Bundesversorgungsgesetz | Aktueller Bewilligungsbescheid über den Bezug von entsprechenden Leistungen |

*noch: Befreiungskriterien auf einen Blick*

| | |
|---|---|
| 7. Blinde oder sehbehinderte Menschen mit einem GdB von mindestens 60 allein wegen der Sehbehinderung | Aktueller Schwerbehinderten- ausweis mit „RF-Merkzeichen" |
| 8. Hörgeschädigte, die gehörlos sind oder denen eine ausrei- chende Verständigung über das Gehör auch mit Hörhilfen nicht möglich ist | Aktueller Schwerbehinderten- ausweis mit „RF-Merkzeichen" |
| 9. Behinderte, deren GdB nicht nur vorübergehend wenigstens 80 beträgt und die wegen ihres Leidens an öffentlichen Ver- anstaltungen ständig nicht teilnehmen können | Aktueller Schwerbehinderten- ausweis mit „RF-Merkzeichen" |
| 10. Empfänger von Hilfe zur Pfle- ge (laut Sozialgesetzbuch) | Aktueller Bewilligungsbescheid über den Bezug von Hilfe zur Pflege nach dem Sozialgesetz- buch |
| 11. Empfänger von Pflegezula- gen nach dem Lastenaus- gleichsgesetz | Aktueller Bewilligungsbescheid über den Bezug von Leistungen nach dem Lastenausgleichs- gesetz |

Quelle: GEZ Köln

**Wichtig:** Wer bei der GEZ einen Antrag auf Befreiung von der Rund-funkgebührenpflicht stellt, muss den Bewilligungsbescheid oder eine beglaubigte Kopie des Schwerbehindertenausweises beifügen.

# 5. Hilflosigkeit (H)

Ein Mensch wird als hilflos angesehen, wenn er infolge einer Be-hinderung für viele regelmäßig wiederkehrende Verrichtungen dauernd fremde Hilfe benötigt. Diese benötigte Hilfe darf nicht nur vorübergehend sein.

Häufig und regelmäßig wiederkehrende Verrichtungen sind z.B. Nahrungsaufnahme, Körperpflege sowie das An- und Auskleiden.

**Wichtig:** Das Feststellen einer Pflegeklasse bei einer Pflegebedürftigkeit führt nicht automatisch zur Eintragung des Merkzeichens „H" in den Schwerbehindertenausweis.

**Praxis-Tipp:**

Die Wertmarke für Freifahrten mit öffentlichen Verkehrsmitteln wird an den Ausweisinhaber mit dem Merkzeichen „H" jährlich kostenlos ausgegeben. Außer der unentgeltlichen Beförderung mit öffentlichen Verkehrsmitteln (bei Vorliegen einer Wertmarke) steht dem Ausweisinhaber ebenfalls eine 100-prozentige Kfz-Steuerermäßigung zu.

## 6. Notwendigkeit für die Benutzung der 1. Wagenklasse (1. Kl.)

Diese Voraussetzung (mit dem Fahrausweis für die 2. Wagenklasse) erfüllen ausschließlich Schwerkriegsbeschädigte und Verfolgte im Sinne des Bundesentschädigungsgesetzes (BEG). Dabei wird eine Minderung der Erwerbsfähigkeit von wenigstens 70 vorausgesetzt. Ebenfalls wird vorausgesetzt, dass der körperliche Zustand bei Eisenbahnfahrten die Unterbringung in der 1. Wagenklasse erfordert.

## 7. Blindheit (Bl)

Als blind ist nicht nur ein Mensch anzusehen, der sein Augenlicht vollständig verloren hat, sondern alle Menschen, deren Sehschärfe auf dem besseren Auge nicht mehr als $1/50$ beträgt.

**Praxis-Tipp:**

Außer der unentgeltlichen Beförderung mit öffentlichen Verkehrsmitteln (bei Vorliegen einer gültigen Wertmarke) steht dem Ausweisinhaber eine 100-prozentige Kfz-Steuerermäßigung zu.

## 8. Gehörlosigkeit (Gl)

Dieses Merkzeichen erhalten nicht nur Gehörlose, sondern auch hörbehinderte Menschen mit einer an Taubheit grenzenden Schwerhörigkeit beiderseits, wenn daneben schwere Sprachstörungen vorliegen.

**Wichtig:** Es wird eine beidseitige Hörbehinderung vorausgesetzt.

## 9. Sondergruppen (VB oder EB)

Diese Merkzeichen werden auf der Vorderseite des Ausweises eingetragen. Der Eintrag „VB" (Versorgungsberechtigt) erfolgt, wenn der schwerbehinderte Mensch wegen einer Minderung der Erwerbsfähigkeit um wenigstens 50 Prozent Anspruch auf eine Versorgung nach anderen Bundesgesetzen hat.

**Wichtig:** Der Eintrag erfolgt auch dann, wenn die Minderung der Erwerbsfähigkeit wegen Zusammentreffens mehrerer Ansprüche auf Versorgung in ihrer Gesamtheit wenigstens 50 Prozent beträgt.

Der Eintrag „EB" (Entschädigung nach dem Bundesentschädigungsgesetz) erfolgt, wenn der Betroffene wegen einer Minderung der Erwerbsfähigkeit um wenigstens 50 Prozent Entschädigung nach § 28 Bundesentschädigungsgesetz (BEG) erhält.

## 10. Kfz-Steuerermäßigung und Freifahrt

Die Freifahrten mit öffentlichen Verkehrsmitteln gelten für Busse und S-Bahnen grundsätzlich ohne Einschränkung. Voraussetzung dafür ist natürlich eine gültige Wertmarke. Für Fahrten mit Zügen des Nahverkehrs ist die Freifahrt auf 50 km im Umkreis um den Wohnsitz begrenzt (siehe individuelles Streckenverzeichnis).

**Praxis-Tipp:**

Fahren die Züge im „Verkehrsverbund", gilt keine km-Begrenzung.

| Merk-zeichen | Wertmarke | und/oder | Kfz-Steuer-ermäßigung |
|---|---|---|---|
| G | 30 EUR bzw. 60 EUR | oder | 50 % |
| Gl | 30 EUR bzw. 60 EUR | oder | 50 % |
| aG | 30 EUR bzw. 60 EUR | und | 100 % |
| H | Kostenlos für ein Jahr | und | 100 % |
| Bl | Kostenlos für ein Jahr | und | 100 % |
| Kriegsbe-schädigte | Kostenlos für ein Jahr*) | und | 100 % |
| VB | Kostenlos für ein Jahr*) | und | 100 % |
| EB | Kostenlos für ein Jahr*) | und | 100 % |

*) Voraussetzung: Der Betroffene war bereits am 1.10.1979 freifahrtberechtigt und die Minderung der Erwerbsfähigkeit aufgrund der Schädigung beträgt heute noch mindestens 70 Prozent.
Stand: Februar 2010

**Wichtig:** Eine Begleitperson (Eintrag „B" auf der Vorderseite des Schwerbehindertenausweises) darf ohne km-Begrenzung kostenlos mitfahren, auch dann, wenn der Ausweisinhaber selbst zahlen muss.

**Praxis-Tipp:**

Die Wertmarke wird ebenfalls jeweils für ein Jahr kostenlos ausgegeben, wenn der schwerbehinderte Mensch folgende Leistungen erhält: Arbeitslosenhilfe oder Leistungen für den Lebensunterhalt nach dem SGB XII (Sozialhilfe), dem SGB VIII (Kinder- und Jugendhilfe) oder den §§ 27a und 27 Bundesversorgungsgesetz (BVG).

**Praxis-Tipp:**

Schwerbehinderte Menschen können darüber hinaus die Bahn Card 50 zum halben Preis erwerben.

Die Steuerbefreiung bzw. -ermäßigung wird nur für ein Fahrzeug gewährt. Dieses Fahrzeug muss auf den Namen des/der Behinderten zugelassen sein. Gefahren werden darf das Fahrzeug nur vom Behinderten selbst oder in seinem Beisein.

## 11. Beiblatt zum Ausweis

Das Beiblatt mit Wertmarke dient als Nachweis für die Berechtigung, kostenlos mit öffentlichen Nahverkehrsmitteln fahren zu dürfen. Die jeweilige Strecke wird im individuellen Streckenverzeichnis genannt.

**Praxis-Tipp:**

Das Streckenverzeichnis sieht grundsätzlich einen Umkreis von 50 km vor. Unabhängig davon dürfen Sie Züge des Nahverkehrs benutzen, wenn diese in einem Verkehrsverbund fahren. Busse und S-Bahnen fallen ebenso nicht unter die km-Begrenzung.

Die Kosten für die Wertmarke betragen derzeit für ein halbes Jahr 30 Euro und für ein ganzes Jahr 60 Euro. In welchen Fällen die Wertmarke kostenlos ausgegeben wird, wurde im vorherigen Kapitel beschrieben.

## 12. Parken auf Behindertenparkplätzen

Für die Betroffenen ist es unangenehm, wenn auf einem mit Rollstuhl gekennzeichneten Parkplatz ein Fahrzeug steht, welches ohne Weiteres auf einem anderen Platz stehen könnte. Um dort parken zu dürfen, ist nämlich ein spezieller Parkausweis erforderlich. Die Rechtsgrundlagen finden Sie in § 46 StVO.

**Wichtig:** Ein solcher Ausweis ist personengebunden und unabhängig vom Fahrzeug.

Die Voraussetzung, um eine solche Parkerlaubnis vom Kreis oder der Gemeinde zu erhalten, ist das Merkzeichen „aG" (außergewöhnliche Gehbehinderung) oder „BI" (blind) auf dem Schwerbehindertenausweis. Dem in dieser Ausnahmegenehmigung genannten Berechtigten wird auf Grund des § 46 StVO die Genehmigung erteilt, mit einem Fahrzeug

- an Stellen, an denen das eingeschränkte Halteverbot (Zeichen 286 StVO) angeordnet ist, und im Bereich eines Zonenhalteverbots (Zeichen 290 StVO) bis zu drei Stunden zu parken,

- im Bereich eines Zonenhalteverbots (Zeichen 290 StVO), in dem durch Zusatzschild das Parken zugelassen ist, die zugelassene Parkdauer zu überschreiten,

- an Stellen, die mit dem Zeichen „Parkplatz" (Zeichen 314 StVO) oder „Parken auf Gehwegen" (Zeichen 315 StVO) gekennzeichnet sind und für die durch Zusatzschild eine Begrenzung der Parkzeit angeordnet ist, über die zugelassene Zeit hinaus zu parken,

- in Fußgängerzonen, in denen das Be- und Entladen für bestimmte Zeiten freigegeben ist, während der Ladezeit zu parken,

- an Parkuhren und Parkscheinautomaten ohne Gebühr und zeitliche Begrenzung zu parken,

- auf Parkplätzen für Anwohner bis zu drei Stunden zu parken,

- in verkehrsberuhigten Bereichen (Zeichen 325 StVO) außerhalb der gekennzeichneten Flächen, ohne den durchgehenden Verkehr zu behindern, zu parken,

sofern in zumutbarer Entfernung keine andere Parkmöglichkeit besteht.

**Wichtig:** Sofern in zumutbarer Entfernung eine andere Parkmöglichkeit besteht, gelten die genannten Ausnahmen nicht. Außerdem beträgt die zulässige Parkzeit maximal 24 Stunden.

Die Parkerleichterungen gelten im Gültigkeitsbereich der StVO.

Folgende Voraussetzungen gilt es zu beachten:

- Von der Genehmigung darf nur unter Beachtung der Grundregeln des Straßenverkehrs (§ 1 StVO) Gebrauch gemacht werden.

- Die Genehmigung berechtigt nicht zum Halten oder Parken an sonstigen Stellen, an denen dies nach § 12 StVO unzulässig ist. Dies gilt insbesondere innerhalb der durch Zeichen 283 StVO (Halteverbot) gekennzeichneten Verbotsstrecken.

- Weisungen von Polizeibeamten sind zu befolgen.

- Der Parkberechtigte ist verpflichtet, bei Inanspruchnahme der Parkerleichterungen den Genehmigungsbescheid mitzuführen und zuständigen Personen auf Verlangen zur Prüfung auszuhändigen.

- Während des Parkens ist der Parkausweis an der Innenseite der Windschutzscheibe gut lesbar anzubringen; ggf. auch der Zusatzausweis.

- Beim Parken im eingeschränkten Halteverbot (Zeichen 286 StVO) und im Bereich eines Zonenhalteverbots (Zeichen 290 StVO), wenn durch Zusatzschild das Parken nicht zugelassen ist, ist zusätzlich die Ankunftszeit durch eine Parkscheibe (§ 13 Abs. 2 Nr. 2 Bild 291 StVO) nachzuweisen.

- Soweit zum Zeichen „Parkplatz" (Zeichen 314 StVO) das Zusatzzeichen „PKW" angeordnet ist, darf dort mit anderen Fahrzeugen nicht geparkt werden; beim „Parken auf Gehwegen" (Zeichen 315 StVO) darf das zulässige Gesamtgewicht des Fahrzeugs nicht mehr als 2,8 t betragen.

- Der Parkberechtigte ist verpflichtet, jede Änderung seiner Anschrift und der für die Erteilung der Genehmigung maßgebenden Umstände unverzüglich der Genehmigungsbehörde mitzuteilen.

- Die Genehmigung wird unter dem Vorbehalt des jederzeitigen Widerrufs erteilt. Sie wird widerrufen, wenn der Parkberechtigte die Sicherheit des Straßenverkehrs gefährdet, wenn der Grund für die Genehmigung entfällt oder die Genehmigung missbraucht wurde. Missbrauch kann außerdem nach § 49 StVO verfolgt werden.

* Quelle: Ausnahmegenehmigung zur Bewilligung von Parkerleichterungen für den Rhein-Sieg-Kreis

**Praxis-Tipp:**

Für Menschen mit Behinderung sind viele Parkplätze mit einem Verkehrszeichen (Rollstuhlsymbol) gekennzeichnet. Parken Sie jedoch nicht auf Plätzen, die durch den Zusatz „mit Parkausweis Nr. ..." für bestimmte Schwerbehinderte reserviert sind.

# 13. Übersicht: Merkzeichen und Vorteile

Die nachfolgende Übersicht beinhaltet keinen GdB, der jedoch für manche Vorteile wichtig ist.

| Vorteile des Merkzeichens | Merkzeichen | | | | | |
|---|---|---|---|---|---|---|
| | G | aG | RF | H | BI | GI |
| Bei der Lohn- und Einkommensteuer | X | X | X | X | X | X |
| Bei der Freifahrt oder Kfz-Steuerermäßigung | X | | | | | X |
| Bei der Freifahrt und Kfz-Steuerermäßigung | | X | | X | X | |
| Bei der Rundfunkgebührenbefreiung | | | X | | | |
| Vergünstigte Grundgebühr beim Telefon | | | X | | | |
| Bei der Hundesteuer | | | | | X | |
| Bei Parkerleichterungen | | X | | | X | |
| Die Wertmarke wird kostenlos ausgegeben | | | | X | X | |
| Finanzielle Hilfen für Blinde und Gehörlose | | | | | X | X |

**Wichtig:** Ausweisinhaber mit den Merkzeichen „VB" und „EB" und Kriegsbeschädigte erhalten ebenfalls die Wertmarke für ein Jahr kostenlos sowie eine 100-prozentige Kfz-Steuerbefreiung.

# Nachteilsausgleiche
im Arbeitsleben

# 3

Es gibt viele Nachteile, die behinderte Menschen im Arbeitsleben und in der Gesellschaft hinnehmen müssen. Daher hat der Gesetzgeber einige Maßnahmen zum Nachteilsausgleich geschaffen, die zumindest im finanziellen Bereich einen Ausgleich schaffen sollen.

**Wichtig:** Nicht jeder Mensch mit Behinderung hat Anspruch auf alle Leistungen. Für die Bewilligung müssen jeweils ganz bestimmte Voraussetzungen erfüllt sein (u.a. sind die jeweiligen Merkzeichen auf dem Schwerbehindertenausweis ausschlaggebend).

# 1. Steuerliche Erleichterungen

Zunächsteinmal hat der Gesetzgeber Behinderten-Pauschbeträge eingeführt. Hierzu ist der Nachweis einer Behinderung durch den Kreis nötig. Anstatt Einzelnachweise für die höheren Kosten zu führen, die durch die Behinderung entstehen, kann anstelle einer Steuerermäßigung nach § 33 EStG ein Behinderten-Pauschbetrag geltend gemacht werden.

| Grad der Behinderung | Behinderten-Pauschbetrag |
|---|---|
| von 25 und 30 | 310 EUR |
| von 35 und 40 | 430 EUR |
| von 45 und 50 | 570 EUR |
| von 55 und 60 | 720 EUR |
| von 65 und 70 | 890 EUR |
| von 75 und 80 | 1.060 EUR |
| von 85 und 90 | 1.230 EUR |
| von 95 und 100 | 1.420 EUR |

Stand: Februar 2010

Für Personen, in deren Schwerbehindertenausweis das Merkzeichen H (hilflos) eingetragen ist oder die von der Pflegekasse in die Pflegestufe III eingestuft sind, erhöht sich der Pauschbetrag auf 3.700 Euro. Das Gleiche gilt auch für blinde Menschen.

**Wichtig:** Der Behinderten-Pauschbetrag wird auch dann in voller Höhe gewährt, wenn die Behinderung erst im Laufe des Jahres festgestellt wird.

## Werbungskosten

Zu den abzugsfähigen Werbungskosten für Arbeitnehmer gehören u.a. die Kosten für den Weg zwischen Wohnung und Arbeitsstätte (§ 9 Abs. 1 EStG).

**Praxis-Tipp:**

Fragen Sie einen Steuerberater, ob es lohnender ist, eine Entfernungspauschale zu wählen oder die tatsächlichen Kfz-Kosten durch Einzelnachweis zu belegen.

## Außergewöhnliche Belastungen

Als „außergewöhnliche Belastung" nach § 33b EStG gilt der Pauschbetrag von jährlich 310 bis 1.420 Euro, sofern nicht durch Einzelnachweise ein höherer Betrag nachgewiesen wird. Ausschlaggebend für die Höhe des Pauschbetrags ist der festgestellte GdB.

**Praxis-Tipp:**

Lassen Sie sich den Pauschbetrag auf der Lohnsteuerkarte eintragen. Somit erhalten Arbeitnehmer eine höhere Netto-Lohn-Auszahlung.

Neben dem Behinderten-Pauschbetrag kann als außergewöhnliche Belastung u.a. Folgendes berücksichtigt werden:

- außerordentliche Krankheitskosten, z.B. ein Krankenhausaufenthalt mit Operation oder eine Heilkur
- unter bestimmten Voraussetzungen eine finanzielle Mehrbelastung für außergewöhnlich gehbehinderte, blinde oder hilflose Menschen
- Aufwendungen für eine Hilfe im Haushalt bis maximal 924 Euro jährlich

**Wichtig:** Während § 33 EStG den Abzug außergewöhnlicher Belastungen allgemeiner Art regelt, enthalten die §§ 33a bis 33c EStG spezielle Regelungen für besonders häufig vorkommende Sachverhalte.

Außergewöhnliche Belastungen allgemeiner Art wirken sich steuerlich nur dann aus, wenn die „zumutbare Belastung" überstiegen wird. Die Höhe der zumutbaren Belastung richtet sich nach dem Gesamtbetrag der Einkünfte, der Anzahl zu berücksichtigender Kinder und dem anzuwendenden Steuertarif.

## Sonstige Steuerermäßigungen

Unter bestimmten Voraussetzungen können diverse Steuern erlassen oder gemindert werden. So kann beispielsweise die Grundsteuer unter bestimmten Voraussetzungen ermäßigt werden. Diese Steuerermäßigung betrifft jedoch nur Kriegsbeschädigte durch den Zweiten Weltkrieg.

Ebenfalls gewährt das Finanzamt eine Ermäßigung bzw. Befreiung hinsichtlich der Umsatzsteuer. Das bezieht sich unter bestimmten Voraussetzungen vorwiegend auf blinde Menschen, Blindenwerkstätten und Behindertenhilfsmittelhersteller.

Darüber hinaus kann die Erbschaft- und Schenkungsteuer für gebrechliche und erwerbsunfähige Personen gemindert werden.

Eine weitere Möglichkeit, Steuern zu sparen, bietet der Hundesteuererlass, der allerdings in Städten und Gemeinden unterschiedlich geregelt ist.

**Praxis-Tipp:**
Fragen Sie in jedem Fall Ihr zuständiges Finanzamt oder einen Steuerberater nach Ihren individuellen Steuervorteilen.

## Wie die Rente zu versteuern ist

Entgegen der weit verbreiteten Meinung, Renten seien steuerfrei, sind auch diese Einkünfte steuerpflichtig. Allerdings kommt es oft zu keiner Steuererhebung, weil viele Freibeträge (besonders der Grundfreibetrag) höher sind als der Besteuerungsanteil der Rente.

Rente wegen voller oder teilweiser Erwerbsminderung kann befristet (bis zum Eintritt einer gesundheitlichen Besserung) oder unbefristet gewährt werden. Allerdings ist auch eine unbefristete Rente wegen Erwerbsminderung letztlich befristet, weil sie später in eine Altersrente umgewandelt wird.

**Wichtig:** Der zu versteuernde Anteil gesetzlicher Renten wegen teilweiser oder voller Erwerbsminderung richtet sich seit dem Jahr 2005 nach denselben Grundsätzen wie dies bei Altersrenten der Fall ist.

Der Besteuerungsanteil der Renten beträgt 50 Prozent im Jahr 2005 und erhöht sich jährlich um zwei Prozent bis zum Jahr 2020, danach um ein Prozent bis eine Besteuerung von 100 Prozent erreicht ist (siehe nachfolgende Tabelle).

| Jahr des Rentenbeginns | Besteuerungsanteil in % | Jahr des Rentenbeginns | Besteuerungsanteil in % | Jahr des Rentenbeginns | Besteuerungsanteil in % |
|---|---|---|---|---|---|
| 2005 | 50 | 2017 | 74 | 2029 | 89 |
| 2006 | 52 | 2018 | 76 | 2030 | 90 |
| 2007 | 54 | 2019 | 78 | 2031 | 91 |
| 2008 | 56 | 2020 | 80 | 2032 | 92 |
| 2009 | 58 | 2021 | 81 | 2033 | 93 |
| 2010 | 60 | 2022 | 82 | 2034 | 94 |
| 2011 | 62 | 2023 | 83 | 2035 | 95 |
| 2012 | 64 | 2024 | 84 | 2036 | 96 |
| 2013 | 66 | 2025 | 85 | 2037 | 97 |
| 2014 | 68 | 2026 | 86 | 2038 | 98 |
| 2015 | 70 | 2027 | 87 | 2039 | 99 |
| 2016 | 72 | 2028 | 88 | 2040 | 100 |

**Wichtig:** Die Höhe des steuerpflichtigen Anteils der Rente richtet sich seit dem Jahr 2005 nicht mehr nach dem Alter bei Rentenbeginn, sondern nach dem Jahr des Rentenbeginns.

**Wichtig:** Wird die Erwerbsminderungsrente später in die Altersrente umgewandelt, ist der Besteuerungsanteil, der zuvor zugrunde gelegt wurde, auch hierfür maßgebend.

# 2. Arbeit und Beruf

Eine Schwerbehinderung bedeutet nicht zwingend, dass der/die Betroffene erwerbsunfähig ist. Doch ist es in jedem Fall sinnvoll, den Arbeitgeber über den Eintritt einer Schwerbehinderung zu informieren. Damit sind für den Arbeitnehmer einige Vorteile verbunden, beispielsweise Zusatzurlaub, Kündigungsschutz, Freistellung von Mehrarbeit und die Möglichkeit der Teilzeitarbeit.

> **Praxis-Tipp:**
>
> Arbeitgeber können finanzielle Unterstützung erhalten, wenn sie schwerbehinderte Menschen beschäftigen. Fragen Sie hierzu bei der zuständigen Agentur für Arbeit nach.

### Gleichstellungsantrag

Menschen gelten als schwerbehindert, wenn der festgestellte GdB mindestens 50 beträgt. Menschen mit einem GdB von weniger als 50, aber mindestens 30, können einen sogenannten Gleichstellungsantrag stellen. Das ist sinnvoll, wenn infolge der Behinderung ohne die Gleichstellung kein geeigneter Arbeitsplatz erlangt oder behalten werden kann.

Für die Gleichstellung behinderter Menschen mit schwerbehinderten Menschen ist eine Feststellung durch die Agentur für Arbeit erforderlich. Diese wird auf einen Antrag der Behinderten hin getroffen.

**Wichtig:** Die Gleichstellung wird bereits mit dem Tag des Antragseingangs wirksam, sie kann aber zeitlich befristet werden.

Gleichgestellte behinderte Menschen können allerdings keinen Zusatzurlaub, vorgezogene Altersrente und keine unentgeltliche Beförderung in öffentlichen Verkehrsmitteln in Anspruch nehmen.

**Wichtig:** Menschen mit Behinderung können nur gleichgestellt werden, wenn ihre wöchentliche Arbeitszeit mindestens 18 Stunden beträgt.

## Zusatzurlaub

Laut § 125 SGB IX steht schwerbehinderten Menschen vom Arbeitgeber ein Zusatzurlaub von einer Arbeitswoche zu. Beträgt die wöchentliche Arbeitszeit beispielsweise sechs Tage, steht dem Schwerbehinderten auch ein Zusatzurlaub von sechs Tagen zu. Beträgt die wöchentliche Arbeitszeit nur vier Tage, steht dem Betroffenen ein Zusatzurlaub von vier Tagen zu.

**Praxis-Tipp:**

Informieren Sie Ihren Arbeitgeber rechtzeitig über Ihre Ansprüche und legen Sie ihm Ihren Schwerbehindertenausweis vor.

Der Anspruch auf Zusatzurlaub entsteht in dem Augenblick, in dem die Schwerbehinderteneigenschaft festgestellt wird. Wird die Schwerbehinderteneigenschaft während des laufenden Jahres anerkannt, besteht der Anspruch auf Zusatzurlaub anteilig.

## Früher in Rente

In der heutigen Zeit wird das Rentenalter immer weiter erhöht. Wer sich dennoch früher zur Ruhe setzen möchte, muss mit Rentenabschlägen rechnen. Für schwerbehinderte Beschäftigte gilt hier eine besondere Regelung.

**Wichtig:** Eine Rente wegen voller Erwerbsminderung erhalten die Betroffenen nur, wenn sie in den letzten fünf Jahren vor dem Eintritt der Erwerbsminderung drei Jahre lang Pflichtbeiträge gezahlt haben und die allgemeine Wartezeit von fünf Jahren erfüllt wurde.

Voll erwerbsunfähig ist, wer aus gesundheitlichen Gründen auf dem allgemeinen Arbeitsmarkt keine drei Stunden täglich mehr tätig sein kann. Dabei kommt es nicht auf das Lebensalter an.

**Wichtig:** Beruht die Minderung der Erwerbsfähigkeit auf einem Arbeitsunfall oder einer Schädigung während des Wehr- oder Zivildienstes, genügt bereits ein einziger Pflichtbeitrag, um die Wartezeit zu erfüllen. Für Berufsanfänger gilt ebenfalls eine Sonderregelung.

Auf die allgemeine Wartezeit werden u.a. folgende Zeiten angerechnet:

- Beitragszeiten (Pflicht- und freiwillige Beiträge)
- Kindererziehungszeiten
- Zeiten aus dem Versorgungsausgleich (nach Scheidung)

*Erwerbsminderungsrente*

Renten wegen verminderter Erwerbsfähigkeit waren bis Ende 2000 in Berufs- und Erwerbsunfähigkeitsrenten unterteilt. Zum 1.1.2001 entfällt diese Unterscheidung. Seitdem richtet sich die Erwerbsminderungsrente grundsätzlich allein nach dem vorhandenen körperlichen Leistungsvermögen. Dabei gelten folgende Abstufungen:

| Mögliche Arbeitszeit | Rentenanspruch |
|---|---|
| Täglich unter drei Std. | Volle Rente |
| Täglich drei bis unter sechs Std. | Halbe Rente |
| Täglich sechs Std. oder mehr | Keine Rente |

**Wichtig:** Voraussetzung für eine volle oder teilweise Erwerbsminderungsrente ist u.a., dass der Betroffene in den letzten fünf Jahren vor Eintritt der Erwerbsminderung drei Jahre lang Pflichtbeiträge gezahlt und die allgemeine Wartezeit von fünf Jahren erfüllt hat.

**Wichtig:** Erwerbsminderungsrenten werden in der Regel auf maximal drei Jahre befristet. Danach wird der Anspruch erneut überprüft.

*Rentenabschläge*

Wird die Rente wegen voller Erwerbsminderung vor dem 63. Lebensjahr in Anspruch genommen, muss mit Rentenkürzungen gerechnet werden. Der Rentenabschlag beträgt dann pro Kalendermonat, für den die Rente wegen voller Erwerbsminderung vor dem 63. Lebensjahr beansprucht wird, 0,3 Prozent, höchstens jedoch 10,8 Prozent. Eine Ausnahme besteht für Versicherte, die Vertrauensschutz genießen.

**Praxis-Tipp:**

Fragen Sie in jedem Fall Ihren zuständigen Träger der gesetzlichen Rentenversicherung. Fragen Sie unter Umständen auch nach der individuellen Hinzuverdienstgrenze.

## Kündigungsschutz

Eine Schwerbehinderung oder Gleichstellung mit Schwerbehinderten ist für die Betroffenen keinesfalls ein Freibrief dafür, dass sie sich jetzt alles erlauben können. Denn es gibt genügend Fälle, in denen kein Kündigungsschutz besteht.

**Beispiele für fehlenden Kündigungsschutz:**

- Es liegt ein zeitlich befristeter Feststellungsbescheid vor, der aber nicht mehr gültig ist. Ein Neuantrag wurde nicht gestellt.

- Es wurde ein Antrag auf Feststellung der Schwerbehinderteneigenschaft gestellt, der allerdings abgelehnt wurde. Widerspruch bzw. Klage sind anhängig.

- Der GdB beträgt 40. Es wurde ein Antrag auf Gleichstellung gestellt. Die Agentur für Arbeit hat den Antrag abgelehnt. Widerspruch bzw. Klage sind anhängig.

- Das Arbeitsverhältnis besteht weniger als sechs Monate.

**Wichtig:** Der besondere Kündigungsschutz besteht nicht für Arbeitnehmer, deren Schwerbehinderung zum Zeitpunkt der Kündigung nicht nachgewiesen ist.

**Beispiele für bestehenden Kündigungsschutz:**

- Es liegt ein Feststellungsbescheid mit einem GdB von mindestens 50 vor.

- Es liegt ein Gleichstellungsbescheid der Agentur für Arbeit vor.

- Ein Antrag auf Gleichstellung durch die Agentur für Arbeit wurde gestellt. Ein Bescheid liegt aber noch nicht vor.

**Wichtig:** Die fristgerechte Kündigung eines Schwerbehinderten oder gleichgestellten behinderten Menschen durch den Arbeitgeber bedarf vorher grundsätzlich der Zustimmung des Integrationsamtes.

# 3. Sonstige Nachteilsausgleiche

Es gibt viele Möglichkeiten des Nachteilsausgleichs, die je nach Bundesland, Kreis und Gemeinde unterschiedlich sind. Sie alle zu beschreiben, würde den Umfang dieses Ratgebers sprengen. Daher sind nur die wesentlichsten Punkte genannt.

**Praxis-Tipp:**

Erkundigen Sie sich in jedem Fall wegen möglicher finanzieller Vorteile bei dem für Sie zuständigen Sozialamt.

So sind z.B. Menschen mit Behinderung grundsätzlich von der Wehrpflicht und von der Musterungspflicht befreit. Ebenfalls ist für Schwerbehinderte in vielen Gemeinden eine Ermäßigung der Kurtaxe vorgesehen. Des Weiteren sind behinderte Menschen (insbesondere Kriegsbeschädigte) bei vielen Behörden von möglichen Gebühren befreit.

### Wohngeld

Wohngeld können Mieter in Form eines Mietzuschusses erhalten, wenn sie bestimmte Einkommensgrenzen nicht überschreiten. Dasselbe gilt auch für Besitzer eines Eigenheims bzw. einer Eigentumswohnung; in diesem Fall handelt es sich um einen Lastenzuschuss.

**Wichtig:** Empfänger von Sozialgeld und Arbeitslosengeld II haben grundsätzlich keinen Anspruch auf Wohngeld. Angemessene Unterkunftskosten werden hier bereits im Rahmen der Leistungen nach SGB II und SGB XII vollständig übernommen.

Die Gewährung von Wohngeld ist u.a. von folgenden Faktoren abhängig:

- Anzahl der im Haushalt lebenden Familienmitglieder
- Höhe des gesamten Familieneinkommens
- Höhe der monatlichen Miete

**Wichtig:** Bei der Ermittlung des Gesamteinkommens werden Freibeträge (1.200 bis 1.500 Euro) je nach GdB berücksichtigt. Ebenfalls spielt es eine Rolle, ob der Betroffene häuslich pflegebedürftig ist.

Darüber hinaus kann für Heimbewohner, die einer Pflegestufe zugeordnet sind, vom zuständigen Sozialhilfeträger Pflegewohngeld gewährt werden. Das Pflegewohngeld ist abhängig vom Einkommen und Vermögen.

**Beitrags- und Eintrittsermäßigungen**

Für viele Kulturveranstaltungen bieten die Veranstalter schwerbehinderten Menschen vergünstigte Eintrittskarten an. Außerdem werden an manchen Veranstaltungsstätten bestimmte Plätze für Rollstuhlfahrer und ihre Begleitperson reserviert.

**Praxis-Tipp:**
Erkundigen Sie sich bei Veranstaltern vor Ort nach entsprechenden Vergünstigungen für Schwerbehinderte.

## Vergünstigungen beim Autokauf

Manche Automobilhersteller gewähren einen Preisnachlass beim Neuwagenkauf. Voraussetzung hierfür ist ein gültiger Schwerbehindertenausweis mit dem Merkzeichen G, aG, Gl oder Bl.

> **Praxis-Tipp:**
>
> Erkundigen Sie sich beim Bund behinderter Auto-Besitzer e.V., 66443 Bexbach, Postfach 1202, Tel./Fax: (06826) 5782, Internet: www.bbab. de.

Menschen, die aufgrund ihrer Behinderung zum Erreichen des Ausbildungs- oder Arbeitsplatzes auf die Benutzung eines Kraftfahrzeugs angewiesen sind, können vom Rehabilitationsträger Finanzierungshilfen zur Beschaffung eines geeigneten Fahrzeugs erhalten. Die Hilfen schließen eine behindertengerechte Zusatzausstattung ein.

> **Praxis-Tipp:**
>
> Auskünfte hierzu erhalten Sie u.a. von den Agenturen für Arbeit und den Integrationsämtern.

# Leistungen
# der Krankenkassen

# 4

Dieser Ratgeber befasst sich nicht mit medizinischen Leistungen der Krankenkassen, sondern mit möglichen finanziellen Hilfen für Menschen mit Behinderung. Daher beschränkt sich dieses Kapitel auf die wenigen Maßnahmen, die für behinderte Menschen einen finanziellen Vorteil darstellen können. Wie sich im Folgenden zeigt, kommen hier ausschließlich die gesetzlichen Krankenkassen infrage (z.B. Fahrten zum Arzt mit dem Taxi).

# 1. Private Krankenversicherung

Jede private Krankenversicherung macht ihre Antragsannahme im Gegensatz zur GKV von Eintrittsalter, Geschlecht und Gesundheitszustand abhängig. Somit haben Schwerbehinderte grundsätzlich keine Möglichkeit, sich dort neu zu versichern, da sie die strengen Gesundheitsfragen wahrheitsgemäß beantworten müssen.

Aber nicht nur eine Neuaufnahme ist nahezu unmöglich. Es besteht für Privatversicherte auch kaum mehr die Chance, die Versicherungsgesellschaft zu wechseln. Zwar erlauben Versicherungsbedingungen innerhalb der Gesellschaft einen Tarifwechsel. Für diesen wird aber nur dann auf Gesundheitsfragen verzichtet, wenn keine Leistungsverbesserung beantragt wird.

**Wichtig:** Die Beiträge zur PKV steigen oft überproportional. Um diese Preisspirale zu stoppen, müssten Sie ständig eine Reduzierung der Leistungen vereinbaren. Aber ist das der Sinn einer privaten Krankenversicherung?

Fazit: Die PKV ist für Schwerbehinderte denkbar ungeeignet. Und niemand weiß, ob er nicht auch irgendwann einmal zu diesem Personenkreis gehört.

# 2. Gesetzliche Krankenversicherung

Grundsätzlich ist es nicht einfach, von einer privaten Krankenversicherung zurück in die gesetzliche Krankenversicherung zu wechseln. Die Aussage „einmal privat – immer privat" ist für die Betroffenen in vielen Fällen traurige Wahrheit.

**Praxis-Tipp:**

Als schwerbehinderter Mensch haben Sie die Möglichkeit des freiwilligen Beitritts in die GKV. Dabei wird jedoch vorausgesetzt, dass der freiwillige Beitritt innerhalb von drei Monaten nach der Feststellung der Schwerbehinderteneigenschaft erfolgt.

Ebenfalls wird vorausgesetzt, dass die betroffene Person, ein Elternteil oder der Ehegatte in den letzten fünf Jahren vor dem Beitritt mindestens drei Jahre lang versichert war; es sei denn, sie konnten diese Voraussetzung wegen der Behinderung nicht erfüllen.

**Wichtig:** Die Krankenkasse kann dieses Beitrittsrecht vom Alter des Schwerbehinderten abhängig machen. Fragen Sie bei jener GKV nach, die infrage kommt.

### Voraussetzungen für Fahrten mit dem Taxi

Dieses Thema betrifft grundsätzlich nur gesetzlich Krankenversicherte. Die Krankenkasse übernimmt Fahrtkosten, wenn diese im Zusammenhang mit einer Leistung der Krankenkasse aus zwingenden medizinischen Gründen notwendig sind.

**Wichtig:** Fahrtkosten im Zusammenhang mit einer ambulanten Behandlung können von der Krankenkasse nur in besonderen Ausnahmefällen nach vorheriger Genehmigung übernommen werden.

Die Krankenkassen genehmigen Fahrten zur ambulanten Behandlung grundsätzlich nur, wenn diese ärztlich verordnet sind und wenn der Versicherte einen Schwerbehindertenausweis mit dem Merkzeichen „aG", „Bl" oder „H" besitzt oder Leistungen der gesetzlichen Pflegeversicherung (mindestens nach Pflegestufe 2) erhält. Fahrten zur stationären Behandlung müssen grundsätzlich nicht vorher genehmigt werden.

**Wichtig:** Der Taxischein muss immer gesondert für eine Hin- und Rückfahrt ausgestellt werden.

Der Gesetzgeber sieht für jede Fahrt eine Zuzahlung in Höhe von 10 Prozent der Kosten vor (mindestens 5 Euro, höchstens 10 Euro, jedoch nicht mehr als die Kosten der Fahrt selbst). Ist eine Person von der Zuzahlungspflicht befreit, entfällt diese Verpflichtung.

> **Praxis-Tipp:**
>
> Bei Serienfahrten zur Strahlen- bzw. Chemotherapie ist die gesetzliche Zuzahlung nur für die erste und letzte Fahrt zu entrichten.

## Befreiung von Zuzahlungen

Gesetzlich Krankenversicherte müssen grundsätzlich Zuzahlungen leisten. Das betrifft nicht nur die Praxisgebühr von 10 Euro je Quartal, sondern grundsätzlich auch Arznei-, Verband-, Heil- und Hilfsmittel, Fahrtkosten, Zahnersatz, stationäre Vorsorge- und Rehabilitationsmaßnahmen.

Die Zuzahlung für verschreibungspflichtige Arznei-, Verband-, Heil- und Hilfsmittel beträgt mindestens 5 Euro und maximal 10 Euro je Mittel. Gleiches gilt auch für eventuelle Fahrtkosten mit dem Taxi. Für Zahnersatz gelten Festzuschüsse.

**Wichtig:** Liegen die Kosten des Mittels unter 5 Euro, muss nur der tatsächliche Preis bezahlt werden.

Es gibt aber eine vollständige und teilweise Befreiung. Von der Zuzahlung vollständig befreit sind grundsätzlich:

- Kinder und Jugendliche, die das 18. Lebensjahr noch nicht vollendet haben und nicht berufstätig sind (Ausnahmen: Kieferorthopädie und Fahrtkosten).

Teilweise von Zuzahlungen befreit sind grundsätzlich:

- chronisch Kranke

**Wichtig:** Wird die im Gesetz festgelegte Einkommensgrenze überschritten, übernimmt die Krankenkasse die Zuzahlung ab einer bestimmten einkommensabhängigen Höhe. Für Zahnersatz gelten andere Regelungen. Fragen Sie im Zweifelsfall bei ihrer Krankenkasse nach.

**Praxis-Tipp:**

Behinderte Personen, die medizinische Leistungen von Trägern der Unfallversicherung, der sozialen Entschädigung und aus der Sozialhilfe erhalten, müssen die Rezeptgebühr für Arznei-, Verband- und Heilmittel nicht bezahlen.

Zuzahlungen auf einen Blick:

| Leistungen der gesetzlichen Krankenversicherung | Höhe der Zuzahlung | Befreiungsmöglichkeiten |
|---|---|---|
| Verschreibungspflichtige Arznei- und Verbandmittel | 10 % der Kosten, mindestens 5 EUR, höchstens 10 EUR | Nach Erreichen der Belastungsgrenze erfolgt eine Befreiung für den Rest des Kalenderjahres. Diese Grenze beträgt |
| Heilmittel | 10 % der Kosten plus 10 EUR je Verordnung | |
| Hilfsmittel | 10 % der Kosten, mindestens 5 EUR, höchstens 10 EUR | ■ 2 % des Familieneinkommens (brutto) bzw. |
| Fahrtkosten | | |
| Stationärer Aufenthalt | 10 EUR pro Tag, längstens für 28 Tage | ■ 1 % für chronisch Kranke. |
| Häusliche Krankenpflege | 10 % je einzelner Leistung plus 10 EUR je Verordnung (höchstens 28 Tage) | ■ Kinder und Jugendliche unter 18 Jahren sind von der Zuzahlung grundsätzlich befreit (Ausnahmen: Kieferorthopädie und Fahrtkosten). |
| Stationäre Vorsorge- und Rehabilitationsmaßnahmen | 10 EUR täglich (für unbegrenzte Dauer) | |
| Anschluss-Rehabilitation | 10 EUR täglich (höchstens 28 Tage) | |
| Mütterkuren | 10 EUR täglich | |
| Haushaltshilfe | 10 % der Kosten, mindestens 5 EUR, höchstens 10 EUR pro Tag | |
| Zahnersatz | Es gelten Festzuschüsse, die sich bei regelmäßiger Vorsorge erhöhen. | |

**Wichtig:** Härtefallregelungen, durch die man von den Zuzahlungen vollständig befreit werden kann, gibt es nicht mehr. Eine Ausnahme stellt der Zahnersatz dar. Bei Unterschreiten einer bestimmten Einkommensgrenze fallen hier keine Zuzahlungen an.

# Freiwillige Leistungen öffentlicher Institutionen

# 5

Es gibt viele Leistungen, die ein behinderter Mensch in Anspruch nehmen kann. Leider ist es oft so, dass nicht immer auf derartige Ansprüche aufmerksam gemacht wird. Ein Beispiel ist der Zentralschlüssel für Behindertentoiletten.

Es gibt nämlich einen einheitlichen Zentralschlüssel, mit dem alle Behindertentoiletten auf deutschen Autobahnraststätten aufgeschlossen werden können. Einen solchen Schlüssel können Behinderte kostenpflichtig erhalten. Das gilt auch für manche Behindertentoiletten in vielen Städten und Gemeinden in Deutschland und im europäischen Ausland. Näheres erfahren Sie beim Club Behinderter und ihrer Freunde Darmstadt e.V., Tel: (0 61 51) 81 22-0.

> **Praxis-Tipp:**
> Den Schlüssel können Sie kostenpflichtig erhalten, wenn Sie im Schwerbehindertenausweis das Merkzeichen „aG", „B", „H" oder „BI" haben. Alternativ reicht ein GdB von mindestens 70 und das Merkzeichen „G".

# 1. Behinderten-Fahrdienste

Eine weitere Leistung vieler Städte oder Gemeinden ist der Fahrdienst für Behinderte. Dieser Fahrdienst wird meistens von Wohlfahrtsverbänden wie Malteser-Hilfsdienst, Johanniter, AWO etc. durchgeführt. Hier können die Fahrten terminiert werden. Dabei kann es sich um Besuche bei Freunden oder Verwandten handeln oder um das Erledigen von Einkäufen. Diese Fahrten sind grundsätzlich auf das Gebiet Ihres Kreises begrenzt.

**Wichtig:** Grundsätzlich können Behinderte diesen Fahrdienst in Anspruch nehmen, wenn sie einen Schwerbehindertenausweis mit dem Merkzeichen „aG" haben und kein eigenes Fahrzeug besitzen. Die Anzahl der Fahrten ist meistens auf drei oder vier je Monat begrenzt. Oder es wird ein Kostenbudget vorgegeben, das die Freifahrten mit einem bestimmten Taxiunternehmen regelt.

**Praxis-Tipp:**

Erkundigen Sie sich bei Ihrer zuständigen Gemeinde, Kreis- oder Stadtverwaltung nach den Möglichkeiten eines Fahrdienstes. Zuständig ist dort das Sozialamt.

# 2. Kostenlose Platzreservierung in IC-, ICE- und EC-Zügen

Wer auf die Benutzung eines Rollstuhls angewiesen oder sehbehindert bzw. blind ist und im Schwerbehindertenausweis das Merkzeichen „B" (ständige Begleitung) hat, kann eine kostenfreie Platzreservierung in allen IC-, ICE-, EC- und IR-Zügen im Service- bzw. Großraumwagen der 2. Klasse buchen.

**Wichtig:** In internationalen Reisezügen ist eine kostenlose Abteilreservierung für Rollstuhlfahrer nur dann möglich, wenn der Einsteigebahnhof im Bereich der Deutschen Bahn AG liegt.

**Praxis-Tipp:**

Züge, die rollstuhlgerechte Wagen führen, sind im Zugverzeichnis zum Kursbuch durch ein Rollstuhlsymbol gekennzeichnet.

# 3. BahnCard zum halben Preis

Schwerbehinderte Menschen mit einem GdB von wenigstens 70 und Erwerbsunfähigkeitsrentner können von der Deutschen Bahn AG eine BahnCard zum halben Preis erhalten.

# Finanzielle Leistungen der Pflegeversicherung

# 6

# 1. Grundsätzliches

Die Pflegeversicherung ist ein eigenständiger Zweig der Sozialversicherung. Es handelt sich dabei um eine Pflichtversicherung, die nicht an den beruflichen Status oder bestimmte Einkommen gebunden ist. Somit sind alle Krankenversicherten kraft Gesetzes auch in die Pflegeversicherung einbezogen. Der Leistungsumfang ist grundsätzlich bei allen gesetzlichen und privaten Versicherern gleich.

Der Gesetzestext legt fest, wer pflegebedürftig ist:

„Pflegebedürftig im Sinne des § 14 SGB XI sind Personen, die wegen einer körperlichen, geistigen oder seelischen Krankheit oder Behinderung für die gewöhnlichen und regelmäßig wiederkehrenden Verrichtungen im Ablauf des täglichen Lebens auf Dauer, mindestens jedoch voraussichtlich für sechs Monate, in erheblichem Maße Hilfe benötigen."

**Wichtig:** Seit dem 1.1.2000 muss der Versicherte in den letzten zehn Jahren vor Inanspruchnahme von Leistungen mindestens fünf Jahre lang in die Pflegekasse eingezahlt haben. Für mitversicherte Kinder gilt diese Zeit als erreicht, wenn ein Elternteil diese Bedingung erfüllt.

Die Leistungen der Pflegeversicherung umfassen u.a. folgende Bereiche:

- Pflegegeld
- Pflegesachleistung (häusliche Pflegehilfe)
- Kombination von Geld- und Sachleistung
- teilstationäre Pflege
- vollstationäre Pflege
- Kurzzeitpflege
- Pflegehilfsmittel
- technische Hilfsmittel

**Wichtig:** Die finanzielle Leistung richtet sich nach der Pflegestufe und Art der Pflege (häuslich, teil- oder vollstationär).

# 2. Die Pflegestufen

Für die Gewährung von Leistungen an Pflegebedürftige wurden drei Pflegestufen eingerichtet:

### Erheblich Pflegebedürftige (Pflegestufe I)

Hierbei handelt es sich um Personen, die bei der Körperpflege, der Ernährung oder der Mobilität für wenigstens zwei Verrichtungen aus einem oder mehreren Bereichen mindestens einmal täglich der Hilfe bedürfen und zusätzlich mehrfach in der Woche Hilfe bei der hauswirtschaftlichen Versorgung benötigen. Erforderlicher Zeitaufwand: mindestens 90 Minuten, davon mehr als 45 Minuten Grundpflege.

### Schwer Pflegebedürftige (Pflegestufe II)

Hierbei handelt es sich um Personen, die bei der Körperpflege, der Ernährung oder der Mobilität mindestens dreimal täglich zu verschiedenen Tageszeiten der Hilfe bedürfen und zusätzlich mehrfach in der Woche Hilfe bei der hauswirtschaftlichen Versorgung benötigen. Erforderlicher Zeitaufwand: wöchentlich im Tagesdurchschnitt mindestens drei Stunden, davon mindestens zwei Stunden Grundpflege.

### Schwerst Pflegebedürftige (Pflegestufe III)

Hierbei handelt es sich um Personen, die bei der Körperpflege, der Ernährung oder der Mobilität täglich rund um die Uhr (auch nachts) der Hilfe bedürfen und zusätzlich mehrfach in der Woche Hilfe bei der hauswirtschaftlichen Versorgung benötigen. Erforderlicher Zeitaufwand: wöchentlich im Tagesdurchschnitt mindestens fünf Stunden, davon mindestens vier Stunden Grundpflege.

# 3. So viel zahlt die Pflegekasse

Zunächst einmal müssen folgende Pflegeleistungen unterschieden werden:

- Pflegegeld
- häusliche Pflege
- teilstationäre Pflege
- vollstationäre Pflege

Pflegegeld kann gezahlt werden, wenn der/die Pflegebedürftige die erforderliche Grundpflege und hauswirtschaftliche Versorgung selbst sicherstellt. Das kann z.B. durch Nachbarn, Freunde oder Familienangehörige sein. In dem Fall beträgt das Pflegegeld:

Bei Pflegestufe I: monatlich bis zu 225 Euro

Bei Pflegestufe II: monatlich bis zu 430 Euro

Bei Pflegestufe III: monatlich bis zu 685 Euro

**Wichtig:** Ist die Pflegekraft verhindert (z.B. durch Urlaub oder Krankheit), übernimmt die Pflegekasse einmal jährlich bis zu vier Wochen die Kosten für die notwendige Ersatzpflege. Für diese häusliche Pflege bei Verhinderung der Pflegeperson zahlt die Pflegekasse bei Pflegestufe I einmalig im Jahr 225 Euro, bei Pflegestufe II einmalig 430 Euro und bei Pflegestufe III einmalig 685 Euro, wenn diese Ersatzpflege ehrenamtlich ausgeführt wird. Eine erwerbsmäßige Ersatzpflegekraft wird bis zu 1.510 Euro bezuschusst. Bei Inanspruchnahme einer nicht erwerbsmäßig pflegenden Person ist die Leistung auf den Zahlbetrag des Pflegegeldes der festgestellten Pflegestufe begrenzt (maximal sind 1.510 Euro möglich).

Bei häuslicher Pflege (Sachleistung) besteht Anspruch auf Grundpflege und hauswirtschaftliche Versorgung. Die Pflegekasse übernimmt in dem Fall je Kalendermonat:

Bei Pflegestufe I: monatlich bis zu 440 Euro

Bei Pflegestufe II: monatlich bis zu 1.040 Euro

Bei Pflegestufe III: monatlich bis zu 1.510 Euro

**Wichtig:** In besonderen Härtefällen können Pflegeeinsätze bis zu einem Gesamtwert von 1.918 Euro bezahlt werden.

Bei teilstationärer Pflege (Sachleistung) wird vorausgesetzt, dass eine häusliche Pflege nicht in ausreichendem Maß sichergestellt werden kann. Die Pflegekasse übernimmt bei teilstationärer Pflege:

Bei Pflegestufe I: monatlich bis zu 440 Euro

Bei Pflegestufe II: monatlich bis zu 1.040 Euro

Bei Pflegestufe III: monatlich bis zu 1.510 Euro

**Wichtig:** Die teilstationäre Pflege umfasst auch die notwendige Beförderung des/der Pflegebedürftigen von der Wohnung zur Pflegeeinrichtung.

Eine vollstationäre Pflege (Sachleistung) kommt infrage, wenn häusliche oder teilstationäre Pflege nicht möglich sind. Die Pflegekasse übernimmt in diesem Fall pflegebedingte Aufwendungen für Pflegebedürftige wie folgt:

Bei Pflegestufe I: monatlich bis zu 1.023 Euro

Bei Pflegestufe II: monatlich bis zu 1.279 Euro

Bei Pflegestufe III: monatlich bis zu 1.510 Euro

**Wichtig:** Ist der/die Pflegebedürftige als Härtefall anerkannt, übernimmt die Pflegekasse pflegebedingte Aufwendungen bis zur Höhe von 1.750 Euro monatlich.

**Praxis-Tipp:**
Pflegebedürftige haben Anspruch auf eine Versorgung mit Pflegehilfsmitteln (z.B. Rollator, Treppenlift), sofern diese nicht von der Krankenkasse übernommen werden. Auch steht ihnen ein Zuschuss für Maßnahmen zur Verbesserung des Wohnumfeldes von bis zu 2.557 Euro zu.

**Wichtig:** 2008 ist ein Persönliches Budget für Behindertenpflege eingeführt worden. Damit hat der Betroffene selbst die finanzielle Verantwortung. Für die Pflegekassen bedeutet das in jedem Fall eine Einsparung.

Übrigens: Das Pflegegeld steigt bis zum Jahr 2012 schrittweise. Bei der Pflege durch Angehörige beträgt es dann:

Bei Pflegestufe I: monatlich bis zu 235 Euro

Bei Pflegestufe II: monatlich bis zu 440 Euro

Bei Pflegestufe III: monatlich bis zu 700 Euro

Kommt ein Pflegedienst zum Pflegebedürftigen nach Hause, sind es:

Bei Pflegestufe I: monatlich bis zu 450 Euro

Bei Pflegestufe II: monatlich bis zu 1.100 Euro

Bei Pflegestufe III: monatlich bis zu 1.550 Euro

Die Sätze für eine Heimunterbringung verändern sich nicht.

**Achtung:** Zur Finanzierung steigt der Pflegeversicherungsbeitrag seit 1. Juli 2008 um 0,25 Prozent auf 1,95 Prozent des Bruttolohns.

Bei Fragen zu Leistungen der Pflegeversicherung wenden Sie sich bitte an Ihre zuständige Krankenversicherung (Pflegekasse).

# 4. Das Finanzamt erhöht den Pauschbetrag

Wie bereits erwähnt, gibt es Behinderten-Pauschbeträge, die sich nach der Höhe des Behinderungsgrades richten. Dieser Pauschbetrag erhöht sich auf jährlich 3.700 Euro, wenn der behinderte Mensch hilflos ist. Als Nachweis dient der Schwerbehindertenausweis mit dem Merkzeichen „H". Dieser höhere Pauschbetrag steht auch blinden Menschen zu.

> **Praxis-Tipp:**
> Es reicht auch der entsprechende Bescheid über die Behinderung oder ein Bescheid der Pflegeklasse über die Einstufung in die Pflegestufe III.

**Wichtig:** Der Behinderten-Pauschbetrag ist ein Jahresbetrag, der auch dann in voller Höhe gewährt wird, wenn die Behinderung im Laufe des Jahres eintritt oder wegfällt.

Der Steuerpflichtige hat selbstverständlich auch die Möglichkeit, anstelle des Pauschbetrags die tatsächlich entstandenen Aufwendungen nachzuweisen und steuerlich abzusetzen.

**Wichtig:** Bei einem Einzelnachweis der Kosten wird allerdings eine zumutbare Belastung berücksichtigt und in Abzug gebracht.

# 5. Was ist die Grundsicherung?

Die Grundsicherung stellt eine spezielle Leistung der Sozialhilfe dar (SGB XII). Sie soll den grundlegenden Bedarf für den Lebensunterhalt von dauerhaft erwerbsgeminderten Personen sicherstellen.

**Wichtig:** Einkommen und Vermögen werden bei der Ermittlung des Leistungsanspruchs berücksichtigt, sodass unter Umständen eventuelle Leistungen gekürzt werden können.

Werden die Voraussetzungen erfüllt, können nach diesem Gesetz folgende Personen Leistungen erhalten:

- Personen mit gewöhnlichem Aufenthalt in der BRD, die das 65. Lebensjahr vollendet haben,

- Personen mit gewöhnlichem Aufenthalt in der BRD, die das 18. Lebensjahr vollendet haben und dauerhaft voll erwerbsgemindert sind,

- Personen, die in Einrichtungen (z.B. Pflegeheim) leben.

**Wichtig:** Anspruch auf Leistungen haben Personen, die ihren Lebensunterhalt nicht aus eigenem Einkommen und Vermögen bestreiten können.

Folgende Personen haben keinen Anspruch auf Leistung:

- Personen, deren Eltern oder Kinder ein Einkommen von jährlich mehr als 100.000 Euro haben,

- Personen, die in den letzten zehn Jahren die Bedürftigkeit vorsätzlich oder grob fahrlässig herbeigeführt haben,

- ausländische Staatsbürger, die Leistungen nach dem Asylbewerberleistungsgesetz erhalten.

**Praxis-Tipp:**
Erkundigen Sie sich bei Ihrer Kreis- oder Stadtverwaltung nach diesen Leistungen.

# Wenn Kinder oder Jugendliche betroffen sind

# 7

# 1. Grundsätzliches

Bei Kindern und Jugendlichen werden dieselben Maßstäbe zugrunde gelegt wie bei Erwachsenen. Allerdings wird bei der Beurteilung von Hilflosigkeit (Merkzeichen „H") die alterstypische Hilfsbedürftigkeit nicht berücksichtigt.

Des Weiteren besteht ein Anspruch auf Kindergeld ohne zeitliche Begrenzung, wenn das Kind wegen der Behinderung nicht in der Lage ist, sich selbst zu unterhalten.

**Wichtig:** Kindergeld wird nur dann ohne zeitliche Begrenzung gezahlt, wenn die Behinderung vor der Vollendung des 25. Lebensjahres eingetreten ist und festgestellt wurde. Wenn die Kinder bzw. Jugendlichen das Kindergeld selbst erhalten, endet die Zahlung jedoch mit der Vollendung des 25. Lebensjahres.

# 2. Eine Waisenrente kann unbegrenzt sein

Behinderte Kinder erhalten eine Waisenrente nach dem Bundesversorgungsgesetz (BVG) auch über das 18. Lebensjahr hinaus auf unbegrenzte Dauer. Allerdings endet eine mögliche Waisenrente aus der gesetzlichen Unfallversicherung mit der Vollendung des 25. Lebensjahres.

# 3. Fahrten zur Schule

Behinderte Kinder können mit einem Fahrdienst zur Schule gebracht werden. Dieser Fahrdienst wird u.a. von Institutionen wie Malteser Hilfsdienst, Johanniter, Deutsches Rotes Kreuz, AWO etc. durchgeführt. Auch private Taxiunternehmen kommen als Anbieter von Fahrdiensten infrage.

Nicht nur behinderte Kinder und Jugendliche können einen solchen Fahrdienst nutzen. Dieser steht auch Erwachsenen zur Verfügung, um zur Arbeit zu kommen, wenn kein eigenes Fahrzeug vorhanden ist.

# 4. Kinderbetreuungskosten und Freibetrag für Ausbildung

Auch hier spielt wieder § 33c EStG eine Rolle. Der Steuerpflichtige kann anfallende Betreuungskosten steuermindernd als außergewöhnliche Belastung geltend machen, wenn das Kind nicht älter als 14 Jahre ist oder wegen einer Behinderung, die vor dem 27. Lebensjahr eingetreten ist, außerstande ist, sich selbst zu unterhalten.

Des Weiteren kann der Steuerpflichtige einen Freibetrag nach § 33a Abs. 2 EStG erhalten, wenn Kosten für die Berufsausbildung eines volljährigen Kindes entstehen, für das er einen Freibetrag oder Kindergeld erhält und wenn das Kind auswärtig untergebracht ist.

> **Praxis-Tipp:**
> Fragen Sie hierzu stets einen fachkundigen Steuerberater.

# Sonstige finanzielle Unterstützungen

**8**

# 1. Übersicht der finanziellen Hilfen je Bundesland

Es gibt Finanzspritzen, die so wenig bekannt sind, dass sie sogar vielen Sozialämtern nicht geläufig sind. Oft werden nicht nur die Betroffenen im Unklaren gelassen, sondern auch die Stellen, bei denen solche Gelder beantragt werden können.

Im Folgenden werden zunächst die allgemein bekannten Mittel der verschiedenen Bundesländer dargestellt.

Die finanziellen Hilfen sind je nach Bundesland leider sehr unterschiedlich. Daher folgt nun zunächst ein grober Überblick je nach Bundesland über die verschiedenen Möglichkeiten.

Stand: Juli 2009

**Wichtig:** In manchen Bundesländern wird der Begriff „Blindengeld" durch „Blindheitshilfe" ersetzt.

**Wichtig:** Für alle Unterstützungsleistungen der einzelnen Bundesländer wird vorausgesetzt, dass die Betroffenen dort ihren Wohnsitz haben.

### Baden-Württemberg

| | |
|---|---|
| Blindengeld bis 18 Jahre | 204,52 Euro |
| Blindengeld von 18 bis 60 Jahre | 409,03 Euro |
| Blindengeld ab 60 Jahre | 409,03 Euro |
| Blindenhilfe (für hochgradig Sehbehinderte) | – |
| Freifahrtausweis | in allen Bundesländern gleich |
| Grundsicherung | laut SGB XII |
| Kfz-Steuerermäßigung bzw. -befreiung | in allen Bundesländern gleich |
| Merkzeichen | in allen Bundesländern gleich |
| Nachteilsausgleich im Arbeits- und Berufsleben | in allen Bundesländern gleich |
| Private Fahrdienste | in allen Gemeinden unterschiedlich |
| Steuervorteile | in allen Bundesländern gleich |
| Wohngeld | individuell verschieden |

Wohnungsbauförderung — individuell verschieden
Zusatzurlaub für Schwerbehinderte in allen Bundesländern gleich

**Wichtig:** Bei finanziellen Hilfen für Blinde bzw. hochgradig Sehbehinderte werden Leistungen der Pflegeversicherung berücksichtigt und zum Teil angerechnet. Das betrifft vorwiegend Heimbewohner.

## Bayern

| | |
|---|---|
| Blindengeld bis 18 Jahre | 518 Euro |
| Blindengeld von 18 bis 60 Jahre | 518 Euro |
| Blindengeld ab 60 Jahre | 518 Euro |
| Blindenhilfe (für hochgradig Sehbehinderte) | – |
| Freifahrtausweis | in allen Bundesländern gleich |
| Grundsicherung | laut SGB XII |
| Kfz-Steuerermäßigung bzw. -befreiung | in allen Bundesländern gleich |
| Merkzeichen | in allen Bundesländern gleich |
| Nachteilsausgleich im Arbeits- und Berufsleben | in allen Bundesländern gleich |
| Private Fahrdienste | in allen Gemeinden unterschiedlich |
| Steuervorteile | in allen Bundesländern gleich |
| Wohngeld | individuell verschieden |
| Wohnungsbauförderung | individuell verschieden |
| Zusatzurlaub für Schwerbehinderte | in allen Bundesländern gleich |

**Wichtig:** Bei finanziellen Hilfen für Blinde bzw. hochgradig Sehbehinderte werden Leistungen der Pflegeversicherung berücksichtigt und zum Teil angerechnet. Das betrifft vorwiegend Heimbewohner.

## Berlin

| | |
|---|---|
| Blindengeld bis 18 Jahre | 487,16 Euro |
| Blindengeld von 18 bis 60 Jahre | 487,16 Euro |
| Blindengeld ab 60 Jahre | 487,16 Euro |
| Blindenhilfe (für hochgradig Sehbehinderte) | 121,79 Euro |
| Freifahrtausweis | in allen Bundesländern gleich |
| Grundsicherung | laut SGB XII |
| Kfz-Steuerermäßigung bzw. -befreiung | in allen Bundesländern gleich |
| Merkzeichen | in allen Bundesländern gleich |
| Nachteilsausgleich im Arbeits- und Berufsleben | in allen Bundesländern gleich |
| Private Fahrdienste | in allen Gemeinden unterschiedlich |
| Steuervorteile | in allen Bundesländern gleich |
| Wohngeld | individuell verschieden |
| Wohnungsbauförderung | individuell verschieden |
| Zusatzurlaub für Schwerbehinderte | in allen Bundesländern gleich |

**Wichtig:** Bei finanziellen Hilfen für Blinde bzw. hochgradig Sehbehinderte werden Leistungen der Pflegeversicherung berücksichtigt und zum Teil angerechnet. Das betrifft vorwiegend Heimbewohner.

## Brandenburg

| | |
|---|---|
| Blindengeld bis 18 Jahre | 133 Euro |
| Blindengeld von 18 bis 60 Jahre | 266 Euro |
| Blindengeld ab 60 Jahre | 266 Euro |
| Blindenhilfe (für hochgradig Sehbehinderte) | – |
| Freifahrtausweis | in allen Bundesländern gleich |
| Grundsicherung | laut SGB XII |
| Kfz-Steuerermäßigung bzw. -befreiung | in allen Bundesländern gleich |
| Merkzeichen | in allen Bundesländern gleich |

| | |
|---|---|
| Nachteilsausgleich im Arbeits- und Berufsleben | in allen Bundesländern gleich |
| Private Fahrdienste | in allen Gemeinden unterschiedlich |
| Steuervorteile | in allen Bundesländern gleich |
| Wohngeld | individuell verschieden |
| Wohnungsbauförderung | individuell verschieden |
| Zusatzurlaub für Schwerbehinderte | in allen Bundesländern gleich |

**Wichtig:** Bei finanziellen Hilfen für Blinde bzw. hochgradig Sehbehinderte werden Leistungen der Pflegeversicherung berücksichtigt und zum Teil angerechnet. Heimbewohner erhalten kein Blindengeld.

## Bremen

| | |
|---|---|
| Blindengeld bis 18 Jahre | 179,09 Euro |
| Blindengeld von 18 bis 60 Jahre | 358,09 Euro |
| Blindengeld ab 60 Jahre | 358,09 Euro |
| Blindenhilfe (für hochgradig Sehbehinderte) | – |
| Freifahrtausweis | in allen Bundesländern gleich |
| Grundsicherung | laut SGB XII |
| Kfz-Steuerermäßigung bzw. -befreiung | in allen Bundesländern gleich |
| Merkzeichen | in allen Bundesländern gleich |
| Nachteilsausgleich im Arbeits- und Berufsleben | in allen Bundesländern gleich |
| Private Fahrdienste | in allen Gemeinden unterschiedlich |
| Steuervorteile | in allen Bundesländern gleich |
| Wohngeld | individuell verschieden |
| Wohnungsbauförderung | individuell verschieden |
| Zusatzurlaub für Schwerbehinderte | in allen Bundesländern gleich |

**Wichtig:** Bei finanziellen Hilfen für Blinde bzw. hochgradig Sehbehinderte werden Leistungen der Pflegeversicherung berücksichtigt und zum Teil angerechnet. Das betrifft vorwiegend Heimbewohner.

## Hamburg

| | |
|---|---|
| Blindengeld bis 18 Jahre | 462 Euro |
| Blindengeld von 18 bis 60 Jahre | 462 Euro |
| Blindengeld ab 60 Jahre | 462 Euro |
| Blindenhilfe (für hochgradig Sehbehinderte) | – |
| Freifahrtausweis | in allen Bundesländern gleich |
| Grundsicherung | laut SGB XII |
| Kfz-Steuerermäßigung bzw. -befreiung | in allen Bundesländern gleich |
| Merkzeichen | in allen Bundesländern gleich |
| Nachteilsausgleich im Arbeits- und Berufsleben | in allen Bundesländern gleich |
| Private Fahrdienste | in allen Gemeinden unterschiedlich |
| Steuervorteile | in allen Bundesländern gleich |
| Wohngeld | individuell verschieden |
| Wohnungsbauförderung | individuell verschieden |
| Zusatzurlaub für Schwerbehinderte | in allen Bundesländern gleich |

**Wichtig:** Bei finanziellen Hilfen für Blinde bzw. hochgradig Sehbehinderte werden Leistungen der Pflegeversicherung berücksichtigt und zum Teil angerechnet. Das betrifft vorwiegend Heimbewohner.

## Hessen

| | |
|---|---|
| Blindengeld bis 18 Jahre | 305,00 Euro |
| Blindengeld von 18 bis 60 Jahre | 523,71 Euro |
| Blindengeld ab 60 Jahre | 523,71 Euro |
| Blindenhilfe (für hochgradig Sehbehinderte) | 30 Prozent des Blindengeldes |
| Freifahrtausweis | in allen Bundesländern gleich |
| Grundsicherung | laut SGB XII |

| | |
|---|---|
| Kfz-Steuerermäßigung bzw. -befreiung | in allen Bundesländern gleich |
| Merkzeichen | in allen Bundesländern gleich |
| Nachteilsausgleich im Arbeits- und Berufsleben | in allen Bundesländern gleich |
| Private Fahrdienste | in allen Gemeinden unterschiedlich |
| Steuervorteile | in allen Bundesländern gleich |
| Wohngeld | individuell verschieden |
| Wohnungsbauförderung | individuell verschieden |
| Zusatzurlaub für Schwerbehinderte | in allen Bundesländern gleich |

**Wichtig:** Bei finanziellen Hilfen für Blinde bzw. hochgradig Sehbehinderte werden Leistungen der Pflegeversicherung berücksichtigt und zum Teil angerechnet. Das betrifft vorwiegend Heimbewohner.

## Mecklenburg-Vorpommern

| | |
|---|---|
| Blindengeld bis 18 Jahre | 273,05 Euro |
| Blindengeld von 18 bis 60 Jahre | 430,00 Euro |
| Blindengeld ab 60 Jahre | 430,00 Euro |
| Blindenhilfe (für hochgradig Sehbehinderte) | 25 Prozent des Blindengeldes |
| Freifahrtausweis | in allen Bundesländern gleich |
| Grundsicherung | laut SGB XII |
| Kfz-Steuerermäßigung bzw. -befreiung | in allen Bundesländern gleich |
| Merkzeichen | in allen Bundesländern gleich |
| Nachteilsausgleich im Arbeits- und Berufsleben | in allen Bundesländern gleich |
| Private Fahrdienste | in allen Gemeinden unterschiedlich |
| Steuervorteile | in allen Bundesländern gleich |
| Wohngeld | individuell verschieden |
| Wohnungsbauförderung | individuell verschieden |
| Zusatzurlaub für Schwerbehinderte | in allen Bundesländern gleich |

**Wichtig:** Bei finanziellen Hilfen für Blinde bzw. hochgradig Sehbehinderte werden Leistungen der Pflegeversicherung berücksichtigt und zum Teil angerechnet. Das betrifft vorwiegend Heimbewohner.

## Niedersachsen

| | |
|---|---|
| Blindengeld von 18 bis 25 Jahre | 320 Euro |
| Blindengeld nach dem 25. Lebensjahr | 265 Euro |
| Blindengeld ab 60 Jahre | 265 Euro |
| Blindenhilfe (für hochgradig Sehbehinderte) | 100 Euro * |
| Freifahrtausweis | in allen Bundesländern gleich |
| Grundsicherung | laut SGB XII |
| Kfz-Steuerermäßigung bzw. -befreiung | in allen Bundesländern gleich |
| Merkzeichen | in allen Bundesländern gleich |
| Nachteilsausgleich im Arbeits- und Berufsleben | in allen Bundesländern gleich |
| Private Fahrdienste | in allen Gemeinden unterschiedlich |
| Steuervorteile | in allen Bundesländern gleich |
| Wohngeld | individuell verschieden |
| Wohnungsbauförderung | individuell verschieden |
| Zusatzurlaub für Schwerbehinderte | in allen Bundesländern gleich |

* bei Aufenthalt in einer stationären Einrichtung

**Wichtig:** Bei finanziellen Hilfen für Blinde bzw. hochgradig Sehbehinderte werden Leistungen der Pflegeversicherung berücksichtigt und zum Teil angerechnet. Das betrifft vorwiegend Heimbewohner.

## Nordrhein-Westfalen

| | |
|---|---|
| Blindengeld bis 18 Jahre | 304,48 Euro |
| Blindengeld von 18 bis 60 Jahre | 608,96 Euro |
| Blindengeld ab 60 Jahre | 473,00 Euro |

| | |
|---|---|
| Blindenhilfe (für hochgradig Sehbehinderte) | 77 Euro |
| Freifahrtausweis | in allen Bundesländern gleich |
| Grundsicherung | laut SGB XII |
| Kfz-Steuerermäßigung bzw. -befreiung | in allen Bundesländern gleich |
| Merkzeichen | in allen Bundesländern gleich |
| Nachteilsausgleich im Arbeits- und Berufsleben | in allen Bundesländern gleich |
| Private Fahrdienste | in allen Gemeinden unterschiedlich |
| Steuervorteile | in allen Bundesländern gleich |
| Wohngeld | individuell verschieden |
| Wohnungsbauförderung | individuell verschieden |
| Zusatzurlaub für Schwerbehinderte | in allen Bundesländern gleich |

**Wichtig:** Bei finanziellen Hilfen für Blinde bzw. hochgradig Sehbehinderte werden Leistungen der Pflegeversicherung berücksichtigt und zum Teil angerechnet. Das betrifft vorwiegend Heimbewohner.

## Rheinland-Pfalz

| | |
|---|---|
| Blindengeld bis 18 Jahre | 205 Euro |
| Blindengeld von 18 bis 60 Jahre | 410 Euro |
| Blindengeld ab 60 Jahre | 410 Euro |
| Blindenhilfe (für hochgradig Sehbehinderte) | – |
| Freifahrtausweis | in allen Bundesländern gleich |
| Grundsicherung | laut SGB XII |
| Kfz-Steuerermäßigung bzw. -befreiung | in allen Bundesländern gleich |
| Merkzeichen | in allen Bundesländern gleich |
| Nachteilsausgleich im Arbeits- und Berufsleben | in allen Bundesländern gleich |
| Private Fahrdienste | in allen Gemeinden unterschiedlich |
| Steuervorteile | in allen Bundesländern gleich |

## Sonstige finanzielle Unterstützungen

| | |
|---|---|
| Wohngeld | individuell verschieden |
| Wohnungsbauförderung | individuell verschieden |
| Zusatzurlaub für Schwerbehinderte | in allen Bundesländern gleich |

**Wichtig:** Bei finanziellen Hilfen für Blinde bzw. hochgradig Sehbehinderte werden Leistungen der Pflegeversicherung berücksichtigt und zum Teil angerechnet. Das betrifft vorwiegend Heimbewohner.

## Saarland

| | |
|---|---|
| Blindengeld bis 18 Jahre | 293 Euro |
| Blindengeld von 18 bis 60 Jahre | 438 Euro |
| Blindengeld ab 60 Jahre | 438 Euro |
| Blindenhilfe (für hochgradig Sehbehinderte) | – (aber Bestandsschutz für frühere Empfänger von „Sehschwachenhilfe") |
| Freifahrtausweis | in allen Bundesländern gleich |
| Grundsicherung | laut SGB XII |
| Kfz-Steuerermäßigung bzw. -befreiung | in allen Bundesländern gleich |
| Merkzeichen | in allen Bundesländern gleich |
| Nachteilsausgleich im Arbeits- und Berufsleben | in allen Bundesländern gleich |
| Private Fahrdienste | in allen Gemeinden unterschiedlich |
| Steuervorteile | in allen Bundesländern gleich |
| Wohngeld | individuell verschieden |
| Wohnungsbauförderung | individuell verschieden |
| Zusatzurlaub für Schwerbehinderte | in allen Bundesländern gleich |

**Wichtig:** Bei finanziellen Hilfen für Blinde bzw. hochgradig Sehbehinderte werden Leistungen der Pflegeversicherung berücksichtigt und zum Teil angerechnet. Das betrifft vorwiegend Heimbewohner.

## Sachsen

| | |
|---|---|
| Blindengeld bis 18 Jahre | 166,50 Euro (aber keine Leistung vor dem 1. Lebensjahr) |
| Blindengeld von 18 bis 60 Jahre | 333 Euro |
| Blindengeld ab 60 Jahre | 333 Euro |
| Blindenhilfe (für hochgradig Sehbehinderte) | 52 Euro |
| Freifahrtausweis | in allen Bundesländern gleich |
| Grundsicherung | laut SGB XII |
| Kfz-Steuerermäßigung bzw. -befreiung | in allen Bundesländern gleich |
| Merkzeichen | in allen Bundesländern gleich |
| Nachteilsausgleich im Arbeits- und Berufsleben | in allen Bundesländern gleich |
| Private Fahrdienste | in allen Gemeinden unterschiedlich |
| Steuervorteile | in allen Bundesländern gleich |
| Wohngeld | individuell verschieden |
| Wohnungsbauförderung | individuell verschieden |
| Zusatzurlaub für Schwerbehinderte | in allen Bundesländern gleich |

**Wichtig:** Bei finanziellen Hilfen für Blinde bzw. hochgradig Sehbehinderte werden Leistungen der Pflegeversicherung berücksichtigt und zum Teil angerechnet. Das betrifft vorwiegend Heimbewohner.

## Sachsen-Anhalt

| | |
|---|---|
| Blindengeld bis 18 Jahre | 250 Euro |
| Blindengeld von 18 bis 60 Jahre | 350 Euro |
| Blindengeld ab 60 Jahre | 350 Euro |
| Blindenhilfe (für hochgradig Sehbehinderte) | 41 Euro |
| Freifahrtausweis | in allen Bundesländern gleich |
| Grundsicherung | laut SGB XII |
| Kfz-Steuerermäßigung bzw. -befreiung | in allen Bundesländern gleich |

**Sonstige finanzielle Unterstützungen**

| | |
|---|---|
| Merkzeichen | in allen Bundesländern gleich |
| Nachteilsausgleich im Arbeits- und Berufsleben | in allen Bundesländern gleich |
| Private Fahrdienste | in allen Gemeinden unterschiedlich |
| Steuervorteile | in allen Bundesländern gleich |
| Wohngeld | individuell verschieden |
| Wohnungsbauförderung | individuell verschieden |
| Zusatzurlaub für Schwerbehinderte | in allen Bundesländern gleich |

**Wichtig:** Bei finanziellen Hilfen für Blinde bzw. hochgradig Sehbehinderte werden Leistungen der Pflegeversicherung berücksichtigt und zum Teil angerechnet. Das betrifft vorwiegend Heimbewohner.

## Schleswig-Holstein

| | |
|---|---|
| Blindengeld bis 18 Jahre | 200 Euro |
| Blindengeld von 18 bis 60 Jahre | 400 Euro |
| Blindengeld ab 60 Jahre | 400 Euro |
| Blindenhilfe (für hochgradig Sehbehinderte) | – |
| Freifahrtausweis | in allen Bundesländern gleich |
| Grundsicherung | laut SGB XII |
| Kfz-Steuerermäßigung bzw. -befreiung | in allen Bundesländern gleich |
| Merkzeichen | in allen Bundesländern gleich |
| Nachteilsausgleich im Arbeits- und Berufsleben | in allen Bundesländern gleich |
| Private Fahrdienste | in allen Gemeinden unterschiedlich |
| Steuervorteile | in allen Bundesländern gleich |
| Wohngeld | individuell verschieden |
| Wohnungsbauförderung | individuell verschieden |
| Zusatzurlaub für Schwerbehinderte | in allen Bundesländern gleich |

**Wichtig:** Bei finanziellen Hilfen für Blinde bzw. hochgradig Sehbehinderte werden Leistungen der Pflegeversicherung berücksichtigt und zum Teil angerechnet. Das betrifft vorwiegend Heimbewohner.

## Thüringen

| | |
|---|---|
| Blindengeld bis 27 Jahre | 220 Euro |
| Blindengeld über 27 Jahre | 220 Euro |
| Blindengeld ab 60 Jahre | 220 Euro |
| Blindenhilfe (für hochgradig Sehbehinderte) | – |
| Freifahrtausweis | in allen Bundesländern gleich |
| Grundsicherung | laut SGB XII |
| Kfz-Steuerermäßigung bzw. -befreiung | in allen Bundesländern gleich |
| Merkzeichen | in allen Bundesländern gleich |
| Nachteilsausgleich im Arbeits- und Berufsleben | in allen Bundesländern gleich |
| Private Fahrdienste | in allen Gemeinden unterschiedlich |
| Steuervorteile | in allen Bundesländern gleich |
| Wohngeld | individuell verschieden |
| Wohnungsbauförderung | individuell verschieden |
| Zusatzurlaub für Schwerbehinderte | in allen Bundesländern gleich |

**Wichtig:** Bei finanziellen Hilfen für Blinde bzw. hochgradig Sehbehinderte werden Leistungen der Pflegeversicherung berücksichtigt und zum Teil angerechnet. Das betrifft vorwiegend Heimbewohner.

**Achtung:** Zuständig für Schwerbehindertenangelegenheiten sind je nach Bundesland die Versorgungs- und Sozialämter, Landesämter oder Gemeinden und Kreise.

# 2. Finanzielle Hilfen, die Sie nicht erwarten

**Praxis-Tipp:**

Lassen Sie nichts unversucht auf dem Weg, finanzielle Hilfe zu erhalten.

### Geld vom Bundespräsidenten

Eine finanzielle Unterstützung, die kaum jemand kennt, ist der Fonds des Bundespräsidenten. Dieser Fonds ist allerdings nicht nur für behinderte Menschen gedacht, sondern für alle, die sich in einem wirtschaftlichen Engpass befinden. Es handelt sich grundsätzlich um eine einmalige finanzielle Zuwendung von häufig 500 Euro zur Linderung der persönlichen wirtschaftlichen Notlage. Diese Zuwendung kann z.B. für medizinische Sondernahrung (oder Zusatz- bzw. Ergänzungsnahrung) gewährt werden, die nicht von der Krankenkasse gezahlt wird.

**Praxis-Tipp:**

Im Bedarfsfall wenden Sie sich an das Bundespräsidialamt, 11010 Berlin.
Internet: www.bundespraesident.de

### Was Krebspatienten erwarten können

An dieselbe Anschrift können sich Krebspatienten wenden, wenn ihre gesundheitliche Situation Hilfsmittel erfordert, die von der Krankenkasse nicht bezahlt werden. Eine ähnliche einmalige finanzielle Unterstützung können Krebspatienten durch die Deutsche Krebshilfe erhalten. Auch diese Hilfe ist einkommensabhängig.

**Praxis-Tipp:**

Diesen Härtefonds bietet die Deutsche Krebshilfe e.V., Buschstr. 32, 53113 Bonn. Tel.: 0228-7299094.

### Es gibt sogar ein Sterbegeld

Als weitere Finanzspritze wird unter bestimmten Voraussetzungen ein Sterbegeld gezahlt. Obwohl die gesetzlichen Krankenkassen diese finanzielle Hilfe schon lange abgeschafft haben, wird sie unter bestimmten Voraussetzungen durch den Kreis gewährt.

Allerdings ist diese Zahlung an bestimmte Voraussetzungen gebunden. Zunächst wird zwischen Sterbegeld und Bestattungsgeld unterschieden. Relevante Gesetzestexte hierzu finden Sie im Bundesversorgungsgesetz (BVG).

Gemäß § 36 BVG wird beim Tode eines rentenberechtigten Kriegsbeschädigten ein Bestattungsgeld in Höhe von 1.498 Euro gewährt, wenn der Tod die Folge einer solchen Schädigung ist. Andernfalls beträgt das Bestattungsgeld 751 Euro.

Stirbt ein nichtrentenberechtigter Beschädigter an den Folgen seiner Kriegsbeschädigung, wird ein Bestattungsgeld bis zu 1.498 Euro gezahlt, sofern in dieser Höhe Bestattungskosten entstanden sind.

**Wichtig:** Wird aufgrund anderer gesetzlicher Vorschriften für den gleichen Zweck eine finanzielle Leistung erbracht, wird das Bestattungsgeld reduziert.

Sterbegeld wird nur beim Tod eines rentenberechtigten Beschädigten gezahlt. Es entspricht einem Betrag in Höhe der dreifachen Versorgungsbezüge, die ihm für den Sterbemonat zustanden. Dabei wird eine Pflegezulage höchstens nach Stufe II zugestanden.

**Wichtig:** Bestattungsgeld und Sterbegeld können nur auf Antrag gewährt werden. Einen entsprechenden Antrag erhalten Sie vom zuständigen Sozialamt.


### Örtliche Fürsorgestellen können helfen

Weitere finanzielle Hilfen können Sie von Ihrer örtlichen Fürsorgestelle erhalten. Das betrifft schwerbehinderte und gleichgestellte behinderte Menschen. Laut § 102 Abs. 3 SGB IX können Schwerbehinderte ein Darlehen oder Zinszuschüsse zur Gründung oder Erhaltung einer selbstständigen beruflichen Existenz in Anspruch nehmen.

Voraussetzungen:

- der Betroffene erfüllt die erforderliche persönliche und fachliche Eignung zur Ausübung der Tätigkeit

- die Tätigkeit stellt voraussichtlich auf Dauer den Lebensunterhalt im Wesentlichen sicher

- die Tätigkeit ist in Bezug auf Lage und Entwicklung des Arbeitsmarktes zweckmäßig

- die Erfolgsaussichten für eine dauerhafte Selbstständigkeit sind gut

**Praxis-Tipp:**

Erkundigen Sie sich nach diesen Hilfen, wenn Sie beabsichtigen, sich selbstständig zu machen. Der zuständige Ansprechpartner ist die örtliche Fürsorgestelle.

Des Weiteren können die örtlichen Fürsorgestellen laut SGB IX Hilfe in besonderen Lebenslagen gewähren. Im Rahmen dieser finanziellen Hilfe können Darlehen oder Zuschüsse gewährt werden, die nicht im Leistungskatalog des Schwerbehindertengesetzes geregelt sind.

**Wichtig:** Diese finanzielle Hilfe wird grundsätzlich nur dann gewährt, wenn ohne ihre Bewilligung der Verlust des Arbeitsplatzes drohen würde. Die Höhe der Zuschüsse bzw. des Darlehens hängt ausschließlich vom Einzelfall ab.

Außerdem kann der Schwerbehinderte einen Zuschuss für Maßnahmen zum Erreichen des Arbeitsplatzes erhalten. Das betrifft allerdings nur schwerbehinderte Personen, die im Arbeits- und Berufsleben stehen.

**Wichtig:** Bei sozialversicherungspflichtiger Beschäftigung ist der Reha-Träger zuständig; bei Selbstständigen und Beamten ist die örtliche Fürsorgestelle der Ansprechpartner.

Es können u.a. folgende Maßnahmen gefördert werden:

- Beschaffung eines Kfz (bis zu einer bestimmten Höhe)

- behindertengerechte Zusatzausstattung

- Erlangen einer Fahrerlaubnis

- Eintragungen, Untersuchungen etc. zum Erlangen der Fahrerlaubnis

**Wichtig:** Die meisten der genannten Zuschüsse sind von der Höhe Ihres persönlichen Einkommens abhängig.

**Wichtig:** Der entsprechende Antrag auf Förderung muss vor Kauf des Fahrzeugs gestellt werden. Eine nachträgliche Bezuschussung ist nicht möglich.

# 3. Vorzeitige Verfügung über Bausparverträge

Für schwerbehinderte Menschen und deren Ehepartner ist eine vorzeitige Verfügung über einen Bausparvertrag möglich, wenn ihr GdB mindestens 95 beträgt.

**Wichtig:** Ferner wird vorausgesetzt, dass der Bausparvertrag vor Feststellung der Behinderung abgeschlossen wurde. In diesen Fällen sind die Bausparprämien nicht gefährdet; das gilt auch dann, wenn die Sperrfrist noch nicht abgelaufen ist.

Dasselbe gilt auch für Sparverträge, die nach dem Vermögensbildungsgesetz abgeschlossen wurden und für die eine Arbeitnehmersparzulage gewährt wurde. Auch hier ist es Voraussetzung, dass der Sparvertrag vor Feststellung der Behinderung abgeschlossen wurde.

# 4. Telefonieren kann preiswerter sein

Wer in seinem Behindertenausweis das Merkzeichen „RF" hat, ist von der Rundfunkgebührenpflicht befreit. Damit ermäßigt sich auch die monatliche Grundgebühr bei der Deutschen Telekom um 6,94 Euro.

Wer blind, gehörlos oder sprachbehindert ist, bekommt bei einem GdB von mindestens 90 durch die Telekom eine Ermäßigung von monatlich 8,72 Euro. Diese soziale Leistung (Sozialtarif) ist freiwillig und kann jederzeit widerrufen werden. Die genannten Beträge werden mit den Telefonkosten verrechnet.

**Wichtig:** Die Deutsche Telekom AG bietet für hör- und bewegungsbehinderte Menschen besondere Telefoneinrichtungen an.

Auch im Mobilfunkbereich von D2 Vodafone gibt es einen Sondertarif für Behinderte mit einem GdB von mindestens 80. Es werden 11 Euro Nachlass auf den monatlichen Basispreis für die D2-Classic-Karte gewährt.

**Wichtig:** BAföG-Empfänger erhalten ebenfalls den Sozialtarif und damit die Vergünstigung von monatlich 6,94 Euro, sofern sie von der Rundfunkgebührenpflicht befreit sind.

# 5. Kostenfreie Mitversicherung von Rollstühlen in der Privathaftpflichtversicherung

Schwerbehinderte, die auf die Benutzung eines Rollstuhls angewiesen sind, können Rollstühle, die nicht mit einem Verbrennungsmotor betrieben werden, in der Privathaftpflichtversicherung kostenfrei mitversichern. Dieser Empfehlung durch den Gesamtverband der deutschen Versicherungswirtschaft sind die meisten Gesellschaften gefolgt.

**Praxis-Tipp:**

Falls ein Versicherer dieses Risiko nicht automatisch kostenfrei mit einschließt, sollte sich der Rollstuhlfahrer vor Vertragsabschluss schriftlich bestätigen lassen, dass der Rollstuhl prämienfrei mitversichert ist.

# 6. Rabatt in der Kfz-Versicherung

Es gibt heute nur noch wenige Versicherungsgesellschaften, die bei der Kfz-Versicherung einen Sonderrabatt gewähren, weil dieser Rabatt mit der Freigabe der Versicherungsbedingungen gestrichen wurde. Das betrifft die Kfz-Haftpflicht- sowie die Voll- und Teilkaskoversicherung.

**Praxis-Tipp:**

Erkundigen Sie sich nach günstigen Versicherungsbeiträgen. Eine Gesellschaft, die keinen Sonderrabatt für Schwerbehinderte gewährt, kann trotzdem preiswerter sein als ein Anbieter mit Sonderrabatten.

**Wichtig:** Für Autofahrer kommt als Sparmöglichkeit meistens nur noch die Steuerermäßigung bzw. Steuerbefreiung infrage.

# Ansprüche und Vergünstigungen von A–Z

**9**

## Ablehnungsbescheid

Vom zuständigen Sozialamt erhalten Sie einen Ablehnungsbescheid, wenn der GdB weniger als 20 beträgt. Somit besteht keine Möglichkeit, irgendwelche Nachteilsausgleiche für Menschen mit Behinderung in Anspruch zu nehmen. Gegen einen Ablehnungsbescheid können Sie grundsätzlich innerhalb eines Monats Widerspruch einlegen.

**Wichtig:** Denken Sie daran, dass ein Schwerbehindertenausweis erst ab einem GdB von 50 ausgestellt wird. Einen „Gleichstellungsantrag" können Sie bereits ab einem GdB von 30 stellen.

## Altersrente für Schwerbehinderte

Eine Altersrente erhalten Schwerbehinderte auf Antrag, wenn sie das 60. Lebensjahr vollendet haben. Als Voraussetzung müssen sie bei Rentenbeginn schwerbehindert, berufs- oder erwerbsunfähig nach dem am 31.12.2000 geltenden Recht sein. Auch muss die Wartezeit von 35 Jahren erfüllt sein und der GdB mindestens 50 betragen.

Für Versicherte der Geburtsjahrgänge ab 1941 wird die Altersgrenze stufenweise auf das 63. Lebensjahr angehoben. Bei Inanspruchnahme der Altersrente vor dem 63. Lebensjahr müssen Rentenabschläge hingenommen werden.

Versicherte genießen Vertrauensschutz, wenn sie bis zum 16.11.1950 geboren wurden und am 16.11.2000 schwerbehindert, berufs- oder erwerbsunfähig waren. Diese Versicherten können die Altersrente für Schwerbehinderte nach Vollendung des 60. Lebensjahres ohne Abschläge beanspruchen.

**Wichtig:** Das Vorliegen einer Berufs- oder Erwerbsunfähigkeit reicht ab dem 1.1.2001 als Nachweis nicht mehr aus. Danach muss grundsätzlich die Schwerbehinderteneigenschaft nachgewiesen werden.

**Ausnahme:** Versicherte, die vor dem 1.1.1951 geboren wurden, haben auch dann einen Anspruch auf Altersrente für Schwerbehinderte, wenn sie bei Beginn der Altersrente nach dem am 31.12.2000 geltenden Recht berufs- oder erwerbsunfähig sind.

## Ansprüche behinderter Kinder

Die Ansprüche behinderter Kinder sind im Grunde die gleichen, die Erwachsene auch haben. Darüber hinaus besteht Anspruch auf Kindergeld über das 25. Lebensjahr hinaus, wenn die Kinder nicht in der Lage sind, sich selbst zu unterhalten. Voraussetzung: Die Behinderung muss vor der Vollendung des 25. Lebensjahres eingetreten sein.

**Wichtig:** Für Kinder, die das Kindergeld selbst erhalten, weil es keinen anderen Berechtigten gibt, endet die Zahlung mit der Vollendung des 25. Lebensjahres.

Eine Waisenrente nach dem Bundesversorgungsgesetz wird dagegen über das 18. Lebensjahr hinaus unbegrenzt gezahlt.

## Änderungsantrag

Ähnlich wie beim Erstantrag prüft das zuständige Sozialamt nach der Antragstellung, ob sich der Gesundheitszustand des Betroffenen geändert hat. Die Überprüfung kann dazu führen, dass sich der GdB erhöht oder vermindert.

Eine wesentliche Änderung liegt auch vor, wenn die entscheidenden gesundheitlichen Voraussetzungen für einen Nachteilsausgleich für Behinderte erstmals erfüllt werden oder im Gegenteil entfallen sind.

**Wichtig:** Eine Änderung des Gesundheitszustands wird nur dann dokumentiert, wenn sich der GdB um mindestens zehn Prozent erhöht oder vermindert hat. Ebenfalls wird vorausgesetzt, dass der veränderte Gesundheitszustand mindestens sechs Monate oder mehr angehalten hat oder voraussichtlich anhalten wird.

## Ausweis

Der Ausweis dient als Nachweis der Eigenschaft als Schwerbehinderter. Hier werden u.a. der GdB und eventuelle Merkzeichen eingetragen. Der Ausweis enthält keine Angaben zu konkreten Gesundheitsstörungen. Ein Ausweis wird erst ab einem GdB von 50 ausgestellt.

## Außergewöhnliche Belastungen

Das Finanzamt gewährt Schwerbehinderten steuerliche Vorteile durch die Berücksichtigung von außergewöhnlichen Aufwendungen als Belastungen (siehe §§ 33, 33a, 33b und 33c EStG). Allerdings wird eine zumutbare Belastung berücksichtigt und von den Gesamtkosten abgezogen. Die Höhe dieser „zumutbaren Belastung" richtet sich nach dem Gesamtbetrag der Einkünfte, der Anzahl zu berücksichtigender Kinder und dem anzuwendenden Steuertarif.

**Wichtig:** Fragen Sie in jedem Fall einen Steuerberater oder das Finanzamt.

## BahnCard

Wer eine BahnCard 50 besitzt, kann Fahrkarten für Züge (z.B. IC oder ICE) zum halben Preis kaufen. Das rechnet sich im Grunde nur für Reisende, welche die Bahn häufig nutzen. Voll Erwerbsgeminderte und Schwerbehinderte (GdB von mindestens 70) erhalten die BahnCard 50 zum halben Preis.

## Bausparverträge

Bausparverträge unterliegen grundsätzlich einer Sperrfrist, in der sie nicht ohne Weiteres prämienunschädlich oder steuerunschädlich gekündigt werden können. Allerdings dürfen Schwerbehinderte oder deren Ehepartner vorzeitig über das Guthaben verfügen.

**Voraussetzung:** Der GdB beträgt mindestens 95 und der Bausparvertrag wurde vor Feststellung der Behinderung abgeschlossen.

Dasselbe gilt auch für Sparverträge nach dem Vermögensbildungsgesetz, für die Sie eine Arbeitnehmersparzulage erhalten haben.

## Befreiung von der Rundfunkgebührenpflicht

Die GEZ kann eine Befreiung von der Rundfunkgebührenpflicht gewähren, wenn die entsprechenden Voraussetzungen erfüllt sind. Hierzu gehört das Merkzeichen „RF" im Schwerbehindertenausweis. Die Voraussetzungen werden ausschließlich vom jeweiligen Sozialamt geprüft.

Für eine Befreiung wird vorausgesetzt, dass der behinderte Mensch allgemein von öffentlichen Zusammenkünften ausgeschlossen ist. Ebenfalls muss der GdB mindestens 80 betragen.

Eine Befreiung von der Rundfunkgebührenpflicht wird in der Regel für längstens drei Jahre gewährt. Danach kann eine Verlängerung erfolgen.

**Wichtig:** Behinderte, die noch an öffentlichen Veranstaltungen teilnehmen können, erfüllen diese Voraussetzung nicht. Ist der Behinderte berufstätig, gilt dies grundsätzlich als Beweis, dass öffentliche Veranstaltungen zumindest gelegentlich besucht werden können.

**Praxis-Tipp:**
Der Antrag muss gestellt werden bei: GEZ, 50656 Köln

## Begleitung

Wenn der Behinderte auf eine ständige Begleitung angewiesen ist, wird auf der Vorderseite des Ausweises das vorgedruckte Merkzeichen „B" nicht durchgestrichen.

**Wichtig:** Das Merkzeichen „B" wird nur dann gewährt, wenn der Behinderte erheblich oder außergewöhnlich gehbehindert ist (Merkzeichen „aG") und tatsächlich auf eine Begleitung angewiesen ist.

Dieses Merkzeichen berechtigt die Betroffenen, im öffentlichen Personenverkehr ohne km-Begrenzung kostenlos eine Begleitperson mitzunehmen, auch wenn diese selbst bezahlen müssen. Das kann z.B. die Fahrt mit einem IC oder ICE sein.

## Behindertenparkplätze

Schwerbehinderte, in deren Behindertenausweis das Merkzeichen „aG" oder „Bl" eingetragen ist, können Parkerleichterungen erhalten. Hierzu kann beim zuständigen Straßenverkehrsamt eine Ausnahmegenehmigung (Parkausweis) eingeholt werden.

Damit darf man u.a. im eingeschränkten Halteverbot bis zu drei Stunden parken, im Zonenhalteverbot die zugelassene Parkdauer überschreiten, auf Parkplätzen für Anwohner bis zu drei Stunden parken sowie an Parkuhren bzw. Parkscheinautomaten gebührenfrei und ohne zeitliche Begrenzung parken, allerdings nur dann, wenn in zumutbarer Entfernung keine andere Parkmöglichkeit besteht.

Siehe auch „Parkerleichterungen"

## Behinderten-Pauschbeträge

Behinderte Menschen können statt einer Steuerermäßigung nach § 33 EStG einen Behinderten-Pauschbetrag geltend machen. Der GdB muss hierfür grundsätzlich 50 betragen (mindestens 25 bei Rentenbezug wegen der Behinderung). Als Behinderten-Pauschbeträge werden je nach GdB folgende Summen berücksichtigt:

| GdB | Pauschbetrag |
|---|---|
| von 25 und 30 | 310 EUR |
| von 35 und 40 | 430 EUR |
| von 45 und 50 | 570 EUR |
| von 55 und 60 | 720 EUR |
| von 65 und 70 | 890 EUR |
| von 75 und 80 | 1.060 EUR |
| von 85 und 90 | 1.230 EUR |
| von 95 und 100 | 1.420 EUR |

## Behindertentoilette

Behindertentoiletten an deutschen Autobahnen können mit einem einheitlichen Schlüssel geöffnet werden. Das gilt ebenso für Behindertentoiletten in vielen Städten und Gemeinden Deutschlands, oft auch für jene im europäischen Ausland. Der Schlüssel ist kostenpflichtig. Nähere Informationen erhalten Sie beim Club Behinderter und ihrer Freunde Darmstadt e.V., Tel. (0 61 51) 81 22-0.

## Beiblatt zum Ausweis

Wer einen Schwerbehindertenausweis besitzt und kostenlos mit Bus und Bahn fahren will, muss nicht nur den üblichen 50 km-Radius beachten, sondern auch über eine gültige Wertmarke verfügen. Wer die „Freifahrt" beantragt hat, erhält vom zuständigen Sozialamt ein Beiblatt mit Wertmarke als Nachweis der Berechtigung.

**Wichtig:** Wer im Ausweis das Merkzeichen „H" oder „Bl" hat, muss für die Wertmarke nichts bezahlen. Die Wertmarke wird auch an folgende schwerbehinderte Personen kostenlos ausgegeben: Empfänger von Arbeitslosengeld II, Sozialhilfeempfänger und Bezieher von Krankengeld in Höhe des zuvor gezahlten Arbeitslosengeldes II.

Die Freifahrtberechtigung ohne km-Begrenzung bezieht sich nur auf Züge, die in Verkehrsverbünden fahren, und auf alle S-Bahnen; ansonsten gilt der 50 km-Radius.

## Beitragsermäßigung bei Automobilclubs

Viele Automobilclubs gewähren ihren schwerbehinderten Mitgliedern Beitragsermäßigungen. In der Regel wird dafür ein GdB von 50 vorausgesetzt.

**Praxis-Tipp:**

Ein kostenloses Merkblatt „Vergünstigungen für Behinderte" können Mitglieder beziehen bei: ADAC-Zentrale, Am Westpark 8, Abt. Verkehrsmedizin, 81015 München. Weitere Informationen gibt es auch im Internet unter www.adac.de, Rubrik „Behinderte mobil".

## Benutzung der 1. Klasse

Schwerbehinderte, die in ihrem Ausweis das Merkzeichen „1. Wagenklasse (1. Kl.)" haben, dürfen mit einem Fahrausweis für die 2. Wagenklasse in der 1. Wagenklasse fahren. Diese Voraussetzung erfüllen u.a. nur Schwerkriegsbeschädigte.

## Blindengeld

Es gibt zwar ein Gesetz über Hilfen für Blinde und Gehörlose (GHBG), aber die Leistungen sind Ländersache und somit von Bundesland zu Bundesland verschieden.

> **Praxis-Tipp:**
>
> Erkundigen Sie sich in jedem Fall bei der für Sie zuständigen Behörde (Sozialamt). Oder fragen Sie beim Bundesministerium für Arbeit und Soziales nach – Bürgertelefon: (0 18 05) 67 67-15 (Infos für behinderte Menschen).

Nachfolgende Aussagen beziehen sich nicht auf alle Bundesländer: Finanzielle Hilfen gibt es für Gehörlose, hochgradig sehbehinderte und blinde Menschen. Eine monatliche finanzielle Hilfe in Höhe von 77 Euro können hochgradig Sehbehinderte und Gehörlose erhalten. Diese Hilfe wird grundsätzlich unabhängig von Einkommen und Vermögen gezahlt. Bei der Bewilligung anderer Sozialleistungen (z.B. Wohngeld, Sozialhilfe oder Arbeitslosengeld) wird diese Hilfe nicht als Einkommen gewertet.

Quelle: Landschaftsverband Rheinland

**Voraussetzungen für hochgradig Sehbehinderte:** Der Betroffene muss mindestens 16 Jahre alt sein und dessen besseres Auge mit Gläserkorrektur eine Sehschärfe von nicht mehr als fünf Prozent haben. Als blind gelten Personen, deren besseres Auge eine Sehschärfe von nicht mehr als zwei Prozent hat.

Überblick: So viel können Sie in NRW erhalten

| Status | Betrag in EUR (monatlich) |
|---|---|
| Blinde Kinder + Jugendliche | 293 EUR |
| Blinde unter 60 Jahre | 588 EUR |
| Blinde über 60 Jahre | 473 EUR |

Stand: Januar 2008

**Wichtig:** Bis zur Vollendung des 60. Lebensjahres werden diese Leistungen unabhängig von Einkommen und Vermögen gezahlt. Nach der Vollendung des 60. Lebensjahres darf das Einkommen bestimmte Grenzen nicht überschreiten; ansonsten erfolgt eine Kürzung.

### Blindenhilfe

Blindengeld wird nach den Vorschriften über die Blindenhilfe gemäß § 72 des SGB XII gezahlt (siehe auch „Blindengeld"). Diese Hilfe kommt zum Tragen, wenn der Blinde das 60. Lebensjahr vollendet hat und die Einkommensgrenze für das Blindengeld überschritten wird. Für diese ergänzende Blindenhilfe werden allerdings ebenfalls bestimmte Einkommens- und Vermögensgrenzen vorausgesetzt, die nicht überschritten werden dürfen.

### Einziehung des Ausweises

Der Ausweis wird mit sofortiger Wirkung eingezogen, wenn der Behinderte nicht mehr im Geltungsbereich des Gesetzes wohnt. Wird der GdB auf unter 50 herabgesetzt, behält der Behinderte den Ausweis bis zum Ablauf einer Schutzfrist (in der Regel drei Monate).

## Erleichterungen im Flugverkehr

Mobilitätseingeschränkte Personen können bei vielen deutschen Fluggesellschaften mit Erleichterungen rechnen. Diese können u.a. sein:

- kostenlose Beförderung von Rollstühlen und sonstigen Hilfsmitteln
- kostenlose Beförderung von Blindenhunden im Passagierraum
- Bereitstellung von Leihrollstühlen
- eigene Schalter für Schwerbehinderte (an vielen Flughäfen)
- Reservierung von speziellen Sitzen

**Wichtig:** Die Fluggesellschaften befördern grundsätzlich nur zusammenklappbare Rollstühle, die nicht motorbetrieben sind.

**Praxis-Tipp:**

Buchen Sie rechtzeitig und machen Sie detaillierte Angaben zu eventuell benötigten Hilfen. Aus Sicherheitsgründen ist nämlich die Anzahl der behinderten Personen pro Flug eingeschränkt.

Weitere Informationen können Sie aus den Broschüren der Arbeitsgemeinschaft Deutscher Verkehrsflughäfen erhalten. Kontakt: Tel.: (0 30) 31 01 18-0 oder www.adv-net.org

## Ermäßigter Fahrpreis

Schwerbehinderte mit einem GdB von mindestens 70 und Erwerbsunfähigkeitsrentner können die BahnCard 50 der Deutschen Bahn zum halben Preis erwerben.

## Ermäßigung der Kurtaxe und bei kulturellen Veranstaltungen

Viele Kultureinrichtungen und Veranstalter bieten schwerbehinderten Menschen vergünstigte Eintrittskarten an. Die Vergünstigungen betragen oft bis zu 50 Prozent. Auch werden an den meisten Veranstaltungsstätten geeignete Plätze für Rollstuhlfahrer reserviert.

**Praxis-Tipp:**

Erkundigen Sie sich bei den Veranstaltern vor Ort nach vergünstigten Konditionen für schwerbehinderte Menschen.

Darüber hinaus können Schwerbehinderte an ihrem Urlaubsort Ermäßigungen hinsichtlich der Kurtaxe erhalten. Die Kurtaxe ist eine kommunale Abgabe, die in der jeweiligen Gemeindesatzung geregelt ist. Viele Gemeinden bieten für Schwerbehinderte Ermäßigungen bis zu 50 Prozent an.

## Erwerbsminderungsrente

Bis Ende 2000 waren Erwerbsminderungsrenten in Berufs- und Erwerbsunfähigkeitsrenten unterteilt. Heute gibt es diesbezüglich nur noch eine Rente wegen verminderter Erwerbsfähigkeit. Die Rente wegen Erwerbsminderung richtet sich nur noch nach dem vorhandenen körperlichen Leistungsvermögen. Dabei gelten folgende Abstufungen:

| Mögliche Arbeitszeit | Rentenanspruch |
| --- | --- |
| Täglich unter drei Std. | Volle Rente |
| Täglich drei bis unter sechs Std. | Halbe Rente |
| Täglich sechs Std. oder mehr | Keine Rente |

## Fahrdienste

Diese Leistung wird in allen Städten und Gemeinden unterschiedlich gehandhabt. Grundsätzlich ist es Bedingung, dass der/die Behinderte einen Schwerbehindertenausweis mit dem Merkzeichen aG besitzt und der GdB mindestens 80 beträgt. Darüber hinaus wird vorausgesetzt, dass dem Betroffenen kein eigenes Fahrzeug zur Verfügung steht. Die Häufigkeit der Inanspruchnahme ist ebenfalls unterschiedlich geregelt.

> **Praxis-Tipp:**
> Erkundigen Sie sich bei Ihrem zuständigen Sozialamt in der Kreisverwaltung, ob für Ihren Wohnort ein Fahrdienst angeboten wird.

### Fahrten mit öffentlichen Verkehrsmitteln

Alle Behinderten, die einen Schwerbehindertenausweis mit dem Merkzeichen „G" oder „Gl" haben und ein Beiblatt mit gültiger Wertmarke besitzen, können die Freifahrt mit öffentlichen Verkehrsmitteln beanspruchen.

**Wichtig:** Die Freifahrt darf mit diesen Merkzeichen nur dann beansprucht werden, wenn der Behinderte keine Kfz-Steuerermäßigung erhält.

Schwerbehinderte mit dem Merkzeichen „aG" dürfen hingegen sowohl die Freifahrt (gültige Wertmarke erforderlich) als auch eine Kfz-Steuerbefreiung beanspruchen.

Die Wertmarke ist grundsätzlich kostenpflichtig, Blinde oder Hilflose erhalten diese aber kostenlos. Dasselbe gilt auch für behinderte Bezieher von Arbeitslosenhilfe und Sozialhilfe.

**Wichtig:** Die Freifahrt bezieht sich nur auf Züge des Nahverkehrs innerhalb eines 50 km-Radius (siehe Streckenverzeichnis). Für Busse und S-Bahnen gilt dieser Umkreis nicht. Ebenfalls gilt die Beschränkung nicht, sofern die Züge im Verkehrsverbund fahren.

EC, IC und ICE sind grundsätzlich von der unentgeltlichen Benutzung ausgeschlossen.

### Freibetrag für die Ausbildung eines Kindes

Dieser Freibetrag ist in § 33a Abs. 2 EStG geregelt. Der Steuerpflichtige kann wegen des Sonderbedarfs für die Ausbildung eines Kindes einen Freibetrag erhalten, wenn ihm Aufwendungen für die Berufsausbildung entstehen.

**Voraussetzung:** Das Kind muss volljährig sein und der Steuerpflichtige muss für das Kind einen Kinderfreibetrag oder Kindergeld erhalten. Ferner muss das Kind auswärtig untergebracht sein.

Der Freibetrag beträgt 924 Euro und wird um die eigenen Einkünfte des Kindes gekürzt, sofern diese 1.848 Euro übersteigen. Der Freibetrag wird ebenfalls gekürzt, wenn das Kind Ausbildungsbeihilfen aus öffentlichen Mitteln erhält.

## Freifahrtausweis

Siehe „Beiblatt zum Ausweis"

## Gebührenbefreiung bei Behörden

Unter bestimmten Voraussetzungen können behinderte Menschen (insbesondere Kriegsbeschädigte) von Gebühren bei Behörden befreit werden. Das bezieht sich z.B. auf gerichtliche Beurkundungen und Grundbucheintragungen. Die rechtliche Grundlage hierzu finden Sie in § 64 SGB X.

## Gebührenfreie Platzreservierung im Zug

Die Deutsche Bahn AG reserviert für Schwerbehinderte auf Wunsch einen oder zwei Plätze in ihren Zügen. Dieser Service ist kostenlos, wenn Sie aufgrund einer außergewöhnlichen Gehbehinderung oder einer Sehbehinderung auf ständige Begleitung angewiesen sind (Merkzeichen „aG", „Bl" und „B" im Schwerbehindertenausweis). Für internationale Reisezüge gilt, dass der Einsteigebahnhof in Deutschland sein muss.

## Gesetzliche Krankenversicherung

Im Gegensatz zur privaten Krankenversicherung (PKV) sind die Leistungen bei der gesetzlichen Krankenversicherung (GKV) grundsätzlich gleich. Die Beiträge richten sich jeweils nach dem Einkommen der Versicherten. Familienmitglieder ohne eigenes Einkommen sind in der Regel kostenfrei mitversichert.

**Praxis-Tipp:**

Privatversicherte Schwerbehinderte haben die Möglichkeit des freiwilligen Beitritts in die GKV innerhalb von drei Monaten nach der Feststellung der Schwerbehinderteneigenschaft.

Voraussetzung ist, dass die schwerbehinderte Person, ein Elternteil oder sein Ehepartner in den letzten fünf Jahren vor dem Beitritt in die GKV dort mindestens drei Jahre versichert war.

**Wichtig:** Die Krankenkasse kann das Recht zum Beitritt in die GKV vom Alter des Schwerbehinderten abhängig machen.

## Gleichstellung

Behinderte Menschen mit einem GdB von weniger als 50 erhalten keinen Schwerbehindertenausweis. Sofern die Betroffenen aber einen GdB von mindestens 30 haben, können sie bei der Agentur für Arbeit einen Gleichstellungsantrag einreichen, sofern sie wegen ihrer Behinderung ansonsten keinen geeigneten Arbeitsplatz erlangen oder behalten können.

> **Praxis-Tipp:**
> Mit der Gleichstellung erlangen Sie grundsätzlich den gleichen Status wie Schwerbehinderte. Das bedeutet für Sie u.a., dass Sie einen besonderen Kündigungsschutz genießen.

Allerdings können gleichgestellte Menschen keinen Zusatzurlaub, kein vorgezogenes Altersruhegeld und keine unentgeltliche Beförderung in Anspruch nehmen.

## Gültigkeitsdauer

Ein Schwerbehindertenausweis wird für die Dauer von maximal fünf Jahren ausgestellt. Nur wenn eine wesentliche Änderung des Gesundheitszustands nicht zu erwarten ist, kann der Ausweis unbefristet ausgestellt werden.

**Wichtig:** Bei Schwerbehinderten unter zehn Jahren wird der Ausweis grundsätzlich bis zur Vollendung des zehnten Lebensjahres befristet. Bei schwerbehinderten Jugendlichen zwischen zehn und 15 Jahren wird die Gültigkeitsdauer des Ausweises bis maximal zur Vollendung des 20. Lebensjahres befristet.

## Grad der Behinderung (GdB)

Die Minderung der Erwerbsfähigkeit (MdE) und der GdB werden nach gleichen Grundsätzen bemessen. Beide Begriffe sind ein Maß für die körperlichen, geistigen, seelischen und sozialen Auswirkungen einer gesundheitlichen Beeinträchtigung. Der GdB wird in Zehnergraden von 20 bis 100 festgelegt.

**Wichtig:** Es spielt keine Rolle, ob die gesundheitliche Beeinträchtigung angeboren, Folge eines Unfalls oder einer Krankheit ist. Alterstypische Beeinträchtigungen werden nicht berücksichtigt.

## Haushaltshilfe

Kosten für die Beschäftigung einer Haushaltshilfe können steuerlich nach § 33a Abs. 3 EStG (außergewöhnliche Belastung) abgesetzt werden. Schwerbehinderte müssen hierfür einen GdB von mindestens 50 nachweisen oder das Merkzeichen „H" (hilflos) besitzen. Der steuerlich absetzbare Betrag beläuft sich jährlich auf 624 Euro bzw. 924 Euro.

**Wichtig:** Es genügt auch ein Bescheid der Pflegekasse über die Einstufung als Schwerstpflegebedürftiger in Pflegestufe III.

## Hilfe für hochgradig Sehbehinderte

Sehbehinderte und blinde Menschen (Merkzeichen „Bl" im Schwerbehindertenausweis) erhalten unabhängig von ihrer Einkommenssituation Blindengeld nach dem Gesetz über die Hilfen für Blinde und Gehörlose (GHBG). Dabei wird vorausgesetzt, dass die Sehschärfe des besseren Auges nicht mehr als $1/50$ beträgt.

Das Blindengeld beträgt vor der Vollendung des 18. Lebensjahres 293 Euro, danach 585 Euro. Ab der Vollendung des 60. Lebensjahres beträgt das Blindengeld 473 Euro, wobei nun gleichzeitig eine Anrechnung von Einkommen und Vermögen erfolgt.

Hochgradig Sehbehinderte erhalten unabhängig von ihrer Einkommenssituation eine Hilfe von 77 Euro monatlich. Bei hochgradig Sehbehinderten wird vorausgesetzt, dass die Sehschärfe des besseren Auges mit Gläserkorrektur, aber ohne besondere optische Hilfsmittel nicht mehr als $1/20$ beträgt.

**Wichtig:** Die Höhe des Blindengeldes richtet sich nach den Vorschriften über die Blindenhilfe gemäß § 67 BSHG. Seit dem 1.1.2005 kommen zusätzlich die Vorschriften über die Blindenhilfe gemäß § 72 SGB XII infrage.

**Wichtig:** Es handelt sich bei den vorgenannten Ausführungen um Bestimmungen aus Nordrhein-Westfalen. Dabei wird vorausgesetzt, dass die betroffenen Personen dort ihren gewöhnlichen Aufenthalt haben.

---

**Praxis-Tipp:**

Erkundigen Sie sich bei der für Sie zuständigen Behörde (Sozialamt). Oder fragen Sie beim Bundesministerium für Arbeit und Soziales nach – Bürgertelefon (0 18 05) 67 67-15 (Infos für behinderte Menschen).

---

### Hilfe für Gehörlose

Das Merkzeichen auf dem Schwerbehindertenausweis für Gehörlose ist „GI". Die betroffenen Personen erhalten nach dem Gesetz über die Hilfen für Blinde und Gehörlose (GHBG) eine Hilfe von monatlich 77 Euro. Diese wird unabhängig von ihrer Einkommenssituation gewährt.

**Wichtig:** Personen gelten als gehörlos, wenn die Taubheit entweder angeboren oder bis zum 18. Lebensjahr eingetreten ist. Diese Bestimmungen sind nur für Nordrhein-Westfalen gültig. Es wird vorausgesetzt, dass dort der gewöhnliche Aufenthaltsort liegt. In anderen Bundesländern können diese Regelungen abweichen.

### Hinzuverdienst

Die Hinzuverdienstgrenzen für Bezieher von Renten wegen teilweiser Erwerbsminderung errechnen sich u.a. aus dem persönlichen Verdienst der letzten drei Kalenderjahre vor dem Eintritt der Erwerbsminderung. Je nach Höhe des Hinzuverdienstes kann die Rente auch teilweise gewährt werden.

Der Bezieher einer Rente wegen voller Erwerbsminderung darf im Jahr 2010 brutto 400 Euro monatlich hinzuverdienen ($\frac{1}{7}$ der monatlichen Bezugsgröße). Wer mehr verdient, erhält eine gekürzte Rente von $1/4$, $1/2$ oder $3/4$. Hier gilt eine individuelle Hinzuverdienstgrenze, die sich u.a. aus dem Entgelt der letzten drei Kalenderjahre vor dem Eintritt der vollen Erwerbsminderung ergibt.

## Hundesteuererlass

Die Hundesteuer ist eine kommunale Abgabe. Die Gemeinden können die Hundesteuer ermäßigen oder erlassen, wenn der Hund beispielsweise zum Schutz und zur Hilfe von Blinden, Gehörlosen und Hilflosen gehalten wird.

**Wichtig:** Für Blindenführhunde werden in der Regel keine Steuern erhoben. Grundsätzlich wird hier ein GdB von 100 und das Merkzeichen „B", „BI", „aG" oder „H" vorausgesetzt.

## Kfz-Steuer

Von der Kfz-Steuer sind behinderte Halter eines Kraftfahrzeugs befreit, wenn folgende Merkzeichen in ihrem Schwerbehindertenausweis eingetragen sind: „BI" (Blinde), „H" (Hilflose) oder „aG" (außergewöhnlich Gehbehinderte). Zusätzlich dürfen diese Behinderten eine Wertmarke erwerben, die zur Freifahrt im öffentlichen Personennahverkehr berechtigt.

Gehbehinderte (Merkzeichen „G") und Gehörlose (Merkzeichen „GI") können wählen, ob sie die Freifahrt im öffentlichen Personennahverkehr oder eine um 50 Prozent reduzierte Kfz-Steuer bevorzugen.

**Wichtig:** Wer die Steuerbefreiung oder -ermäßigung gewählt hat, muss Einschränkungen hinsichtlich der Benutzung seines Autos hinnehmen. Das Auto darf grundsätzlich entweder nur vom behinderten Menschen selbst gefahren werden oder von anderen nur im Beisein des Behinderten.

**Wichtig:** Die Steuerbefreiung bzw. -ermäßigung stehen dem Behinderten nur für ein Fahrzeug zu. Außerdem muss das Fahrzeug, für das eine Befreiung oder Ermäßigung von der Kfz-Steuer beantragt wird, auf den Namen des Behinderten zugelassen sein.

## Kindergeld

Für behinderte Kinder wird das Kindergeld für unbegrenzte Dauer gezahlt, sofern die Behinderung vor der Vollendung des 25. Lebensjahres eingetreten ist und das Kind wegen der körperlichen, geistigen oder seelischen Behinderung außerstande ist, für sich selbst zu sorgen.

**Wichtig:** Führt der Kinderfreibetrag zu einer Steuerermäßigung, die höher ist als das Kindergeld, ändert das Finanzamt das Verfahren zugunsten des Steuerpflichtigen.

> **Praxis-Tipp:**
>
> Informieren Sie sich zu diesem Thema bei der Familienkasse (bei der Agentur für Arbeit) oder beim zuständigen Finanzamt.

## Kostenfreie Mitversicherung von Rollstühlen

Die meisten Versicherungsgesellschaften sind in dieser Hinsicht einer Empfehlung des Gesamtverbands gefolgt. Dieser befürwortete den kostenlosen Versicherungsschutz für Rollstühle ohne Verbrennungsmotor in der Privathaftpflichtversicherung.

> **Praxis-Tipp:**
>
> Sieht Ihr Versicherungsvertrag dieses Wagnis nicht bedingungsgemäß vor, sollten Sie sich den Risikoeinschluss schriftlich bestätigen lassen. Achten Sie darauf, dass der Einschluss beitragsfrei ist.

## Kündigungsschutz

Schwerbehinderte sind vor Kündigungen besser geschützt als andere Arbeitnehmer. Bevor ein Arbeitgeber einem Schwerbehinderten oder Gleichgestellten kündigen kann, muss er zuvor die Zustimmung des Integrationsamtes beantragen. Es sei denn, das Arbeitsverhältnis besteht seit weniger als sechs Monaten.

**Wichtig:** Der Kündigungsschutz ist im SGB IX geregelt. Ist die Kündigung im Verhalten des Arbeitnehmers begründet, verliert der besondere Kündigungsschutz seine Wirkung.

Ist die Schwerbehinderung zum Zeitpunkt der Kündigung noch nicht nachgewiesen, besteht kein besonderer Kündigungsschutz.

## Kulturveranstaltungen

Viele Kultureinrichtungen bieten Schwerbehinderten vergünstigte Eintrittskarten an. Oft betragen diese Vergünstigungen bis zu 50 Prozent.

**Praxis-Tipp:**

Erkundigen Sie sich bei den jeweiligen Veranstaltern vor Ort nach entsprechenden Vergünstigungen für Schwerbehinderte.

## Leistungen am Arbeitsplatz

Oft ist es erforderlich, den Arbeitsplatz behindertengerecht zu gestalten. Dadurch sollen Belastungen für die Betroffenen möglichst reduziert werden, um weitere Gesundheitsstörungen zu vermeiden. Eine weitere Leistung am Arbeitsplatz ist der Zusatzurlaub für den schwerbehinderten Arbeitnehmer.

**Wichtig:** Für viele Maßnahmen (u.a. zur behindertengerechten Arbeitsplatzgestaltung) kann der Arbeitgeber Zuschüsse erhalten.

## Merkzeichen

Im Schwerbehindertenausweis können Merkzeichen wie „G", „aG", „Bl", „H", „Gl", „EB" oder „VB" eingetragen werden. Die jeweiligen Zeichen geben Auskunft über die grundsätzliche Art der Behinderung.

## Mehrarbeit

Mehrarbeit (Überstunden) wird oft vom Arbeitgeber verlangt, weil es die wirtschaftliche Situation erfordert. Allerdings können schwerbehinderte und ihnen gleichgestellte behinderte Arbeitnehmer auf ihr Verlangen hin von Mehrarbeit freigestellt werden.

**Wichtig:** Die Freistellung von Mehrarbeit begründet kein Ablehnungsrecht für Nachtarbeit oder Arbeit an Sonn- und Feiertagen. Der betroffene Arbeitnehmer darf auch keinesfalls einfach wegbleiben oder seinen Arbeitsplatz am Ende der regelmäßigen Arbeitszeit verlassen.

Nach einem Urteil des Bundesarbeitsgerichts von 1989 kann Mehrarbeit von Schwerbehinderten und gleichgestellten Behinderten abgelehnt werden, wenn eine tägliche Arbeitszeit von acht Stunden bzw. 48 Stunden wöchentlich überschritten wird.

**Wichtig:** Diesen Anspruch behinderter Arbeitnehmer dürfen Arbeitgeber bei Vorliegen von Notfällen oder außergewöhnlichen Ereignissen ablehnen.

### Minderung der Erwerbsfähigkeit (MdE)

Siehe „Grad der Behinderung (GdB)"

### Mobilfunk

Einige Mobilfunkanbieter gewähren Schwerbehinderten, die einen GdB von mindestens 80 nachweisen können, einen Sondertarif.

**Praxis-Tipp:**

Erkundigen Sie sich beim Anbieter Ihrer Wahl nach möglichen Sondertarifen und Preisnachlässen.

### Nachteilsausgleich

Schwerbehinderte und gleichgestellte Behinderte können unterschiedliche Möglichkeiten des Nachteilsausgleichs in Anspruch nehmen. Es kommt darauf an, ob und welche Merkzeichen im

Schwerbehindertenausweis eingetragen sind und wie hoch der GdB ist. Der Nachteilsausgleich erfolgt u.a. durch:

- unentgeltliche Beförderung im öffentlichen Personennahverkehr
- Kündigungsschutz
- Zusatzurlaub
- Freistellung von Mehrarbeit
- Steuerermäßigungen
- Parkerleichterungen
- Rundfunkgebührenbefreiung
- Blindengeld
- Kfz-Steuerermäßigung
- Telefon-Sozialtarife
- Wehrdienstbefreiung

Nachteilsausgleich bedeutet entweder direkte finanzielle Vorteile oder sonstige Privilegien, z.B. die Wehrdienstbefreiung.

## Örtliche Fürsorgestellen

Schwerbehinderte und gleichgestellte behinderte Menschen können von örtlichen Fürsorgestellen finanzielle Hilfe erwarten, wenn sie damit einen bestimmten Zweck verfolgen (z.B. selbstständige Existenzgründung) oder etwa ein behindertengerechtes Auto brauchen, um den Arbeitsplatz zu erreichen. Eine solche finanzielle Hilfe kann in Form eines Darlehens oder Zuschusses gewährt werden.

## Parkerleichterungen

Schwerbehinderte mit dem Ausweismerkzeichen „aG" oder „Bl" können vom Straßenverkehrsamt einen Parkausweis erhalten. Damit darf im eingeschränkten Halteverbot und auf für Anwohner reservierten Parkplätzen bis zu drei Stunden geparkt werden. Selbstverständlich dürfen Sie mit dem Parkausweis auch reservierte Parkplätze nutzen, die durch ein Schild mit dem Rollstuhlfahrersymbol gekennzeichnet sind.

**Wichtig:** Legen Sie jeweils den Parkausweis und zusätzlich eine Parkscheibe hinter die Windschutzscheibe.

Des Weiteren dürfen Sie mit dem Parkausweis u.a. im Zonenhalteverbot und auf gekennzeichneten öffentlichen Parkflächen die zugelassene Parkdauer überschreiten, in Fußgängerzonen während der Ladezeiten parken sowie an Parkuhren und Parkscheinautomaten ohne Gebühr parken.

### Pauschbetrag

Das Steuerrecht sieht für Schwerbehinderte diverse Pauschbeträge vor. Dabei handelt es sich um Beträge, die pauschal steuermindernd geltend gemacht werden können, ohne dass Einzelnachweise erbracht werden müssen.

Siehe auch „Behinderten-Pauschbetrag"

### Pflegebedürftigkeit

Personen sind pflegebedürftig, wenn sie wegen einer körperlichen, geistigen oder seelischen Krankheit bzw. Behinderung für die gewöhnlichen und regelmäßig wiederkehrenden Verrichtungen des täglichen Lebens auf Dauer (voraussichtlich für mindestens sechs Monate) in erheblichem oder höherem Maße der Hilfe bedürfen.

Es werden drei Stufen der Pflegebedürftigkeit unterschieden: Pflegestufe I (erhebliche Pflegebedürftigkeit), Pflegestufe II (schwere Pflegebedürftigkeit) und Pflegestufe III (schwerste Pflegebedürftigkeit). Die Pflegekassen bieten für die Versorgung pflegebedürftiger Personen ambulante bzw. stationäre Leistungen an.

**Wichtig:** Die Pflegekassen lassen durch den Medizinischen Dienst der Krankenkassen prüfen, ob die Voraussetzungen für die Pflegebedürftigkeit vorliegen und in welche Pflegestufe der Betroffene eingestuft wird.

### Rundfunk- und Fernsehgebührenbefreiung

Für diese Gebührenbefreiung muss im Ausweis das Merkzeichen „RF" eingetragen sein. Damit ist gleichzeitig eine Ermäßigung der monatlichen Grundgebühr bei der Deutschen Telekom verbunden.

**Wichtig:** Die Rundfunkgebührenbefreiung gilt nicht für private Rundfunksender (z.B. Pay-TV).

Ebenfalls gilt die Befreiung von der Rundfunkgebührenpflicht nicht für die Eltern von schwerbehinderten Kindern, deren Ausweis das Merkzeichen „RF" aufweist.

**Praxis-Tipp:**

Der Antrag auf Befreiung von der Rundfunkgebührenpflicht muss bei der Gebühreneinzugszentrale der öffentlich-rechtlichen Rundfunkanstalten in der Bundesrepublik Deutschland gestellt werden. Die Anschrift lautet: GEZ, 50656 Köln

### Schwerbehinderte Menschen

Schwerbehindert sind Personen, bei denen ein GdB von mindestens 50 festgestellt wurde. Wichtige Voraussetzung: Sie müssen im Bundesgebiet leben und arbeiten. Bei einem geringeren GdB (mindestens 30) kann eine „Gleichstellung" erfolgen.

### Sterbegeld

Das Sterbegeld wurde von den gesetzlichen Krankenkassen abgeschafft. Allerdings gibt es für Kriegsbeschädigte gemäß Bundesversorgungsgesetz noch Geld vom zuständigen Kreis. Dabei wird unterschieden, ob der Betroffene infolge der Kriegsverletzung verstorben ist oder nicht. Andere Leistungen werden auf das Sterbegeld und Bestattungsgeld angerechnet.

**Wichtig:** Sterbegeld und Bestattungsgeld werden nur auf Antrag vom zuständigen Sozialamt gezahlt.

### Steuerermäßigungen

Die wesentlichsten Steuerermäßigungen finden Sie im Bereich der Werbungskosten, außergewöhnlichen Belastungen und Pauschbeträge für behinderte Menschen. Wichtig ist in diesem Zusammenhang § 33 EStG. Der Steuerpflichtige kann wählen, ob er den sogenannten Pauschbetrag ohne Nachweis von tatsächlich entstandenen Kosten steuerlich geltend macht oder die echten Kosten absetzt.

**Wichtig:** Bei einem Einzelnachweis der Kosten wird eine zumutbare Belastung abgezogen.

Neben dem Behinderten-Pauschbetrag, der die außergewöhnlichen Belastungen abdeckt, sind u.a. abzugsfähig:

- Krankheitskosten aus akutem Anlass
- Aufwendungen für eine krankheits- oder behinderungsbedingte Heimunterbringung
- behinderungsbedingte Aufwendungen, die nicht laufend anfallen
- Kosten für die behinderungsbedingte Umrüstung eines Kfz

> **Praxis-Tipp:**
> Fragen Sie auf jeden Fall einen Steuerberater, welche Aufwendungen Sie steuerlich geltend machen können.

### Streckenverzeichnis

Wer als Schwerbehinderter die unentgeltliche Beförderung mit öffentlichen Verkehrsmitteln in Anspruch nehmen möchte, muss beim zuständigen Sozialamt eine Wertmarke erwerben. Mit dem Ausweis erhalten die Betroffenen auch ein Streckenverzeichnis. Darin sind alle Strecken im Umkreis von 50 km aufgeführt, die unentgeltlich mit Nahverkehrszügen zurückgelegt werden dürfen.

**Wichtig:** Unabhängig von dem 50 km-Umkreis dürfen die Betroffenen mit allen Bussen und S-Bahnen fahren. Außerhalb des 50 km-Radius dürfen Sie ebenfalls alle Nahverkehrszüge benutzen, sofern diese im Verkehrsverbund fahren.

### Teilzeit

Falls wegen der Art oder Schwere der Behinderung eine Verkürzung der Arbeitszeit erforderlich ist, können schwerbehinderte und gleichgestellte behinderte Menschen bei ihrem Arbeitgeber Teilzeit beantragen.

**Wichtig:** Die Gewährung von Teilzeitarbeit muss für den Arbeitgeber zumutbar sein. Unzumutbarkeit ist dann gegeben, wenn zwingende Gründe vorliegen. Das kann z.B. der Fall sein, wenn auf dem Arbeitsmarkt keine zusätzliche Arbeitskraft zur Verfügung steht oder wenn die notwendigen Räumlichkeiten hierfür nicht vorhanden sind.

> **Praxis-Tipp:**
>
> Ein Anspruch auf Teilzeit besteht, wenn die vertraglich vereinbarte Arbeitsleistung in Vollzeit aufgrund der Behinderung nicht mehr in vollem Umfang erbracht werden kann.

Die Rechtsgrundlagen hierzu finden Sie in § 81 Abs. 5 SGB IX.

### Telefon/Sozialtarif

Die Deutsche Telekom gewährt bestimmten Behinderten den sogenannten Sozialtarif. Es handelt sich hierbei um eine freiwillige Leistung der Telekom, die jederzeit widerrufen werden kann. Für diesen Sozialtarif kommt u.a. folgender Personenkreis infrage:

- Blinde, Gehörlose oder Sprachbehinderte mit einem GdB von mindestens 90
- Schwerbehinderte mit dem Ausweismerkzeichen „RF"

**Wichtig:** Statt der früher üblichen Ermäßigung auf den monatlichen Grundpreis wird hierbei der Betrag des Sozialtarifs in Höhe von 8,72 Euro für blinde, gehörlose und sprachbehinderte Menschen mit einem GdB von wenigstens 90 bzw. 6,94 Euro für schwerbehinderte Menschen, die in ihrem Ausweis das Merkzeichen „RF" haben, mit den normalen Telefonkosten verrechnet. Dabei ist es wichtig, dass die Gespräche über das Netz der Deutschen Telekom geführt werden.

### TÜV und Straßenverkehrsamt

Besitzt der Behinderte ein Kfz und lässt besondere behindertengerechte Bedienungseinrichtungen einbauen, müssen diese grundsätzlich durch TÜV und Straßenverkehrsamt in den Kfz-Brief und den Kfz-Schein eingetragen werden. Somit können zusätzliche Gebühren entstehen, die ermäßigt oder erlassen werden können.

**Wichtig:** Gebühren, die auch ohne Behinderung anfallen würden, z.B. die regelmäßige TÜV-Untersuchung, sind in voller Höhe zu entrichten.

## Übergangsgeld

Reichen die Leistungen für Behinderte während der Teilnahme an Maßnahmen der beruflichen Aus- und Weiterbildung sowie die Hilfen zur dauerhaften Teilnahme am Arbeitsleben wegen der Art und Schwere der Behinderung nicht aus, können Leistungen zum Lebensunterhalt (Übergangsgeld) erbracht werden. Übergangsgeld wird von der Agentur für Arbeit gezahlt.

**Wichtig:** Anspruch auf Übergangsgeld besteht nur dann, wenn der Behinderte innerhalb der letzten drei Jahre vor dem Beginn der Teilnahme an den genannten Maßnahmen mindestens zwölf Monate sozialversicherungspflichtig gearbeitet oder Arbeitslosengeld bekommen hat.

## Unentgeltliche Beförderung einer Begleitperson

Wer bei der Benutzung von öffentlichen Verkehrsmitteln ständig auf Begleitung angewiesen ist, erhält die Eintragung des Merkzeichens „B" auf der Vorderseite des Schwerbehindertenausweises.

Bei folgenden Schwerbehinderten ist eine ständige Begleitung grundsätzlich notwendig:

- Querschnittsgelähmte
- Personen ohne Hände
- Blinde
- erheblich Sehbehinderte
- geistig Behinderte
- Anfallskranke

Das Merkzeichen „B" wird grundsätzlich nur eingetragen, wenn zusätzlich eine außergewöhnliche Gehbehinderung vorliegt (Merkzeichen „aG").

**Praxis-Tipp:**

Der Behinderte darf auch Züge benutzen, für die er zahlen muss (z.B. IC oder ICE). Für die Begleitperson ist grundsätzlich keine Fahrkarte erforderlich.

**Wichtig:** Trotz Merkzeichen „B" im Behindertenausweis darf der behinderte Mensch öffentliche Verkehrsmittel auch ohne Begleitung benutzen. Eine gegenseitige Begleitung zweier behinderter Menschen in zahlungspflichtigen Zügen ist hingegen ausgeschlossen.

## Unentgeltliche Beförderung in öffentlichen Verkehrsmitteln

Die unentgeltliche Beförderung von Schwerbehinderten setzt voraus, dass der Ausweisinhaber eine gültige Wertmarke besitzt und in seinem Ausweis eines der folgenden Merkzeichen eingetragen ist: „G", „aG", „Bl", „H" oder „Gl". Personen mit den Merkzeichen „Bl" oder „H" erhalten die Wertmarke kostenlos.

## Unentgeltliche Beförderung von Hilfsmitteln

Schwerbehinderte Menschen, die auf die Benutzung eines Rollstuhls angewiesen sind, können diesen in Zügen der Deutschen Bahn AG unentgeltlich mitnehmen. Voraussetzung ist, dass sie im Zug an den dafür vorgesehenen Stellen untergebracht werden können.

**Wichtig:** Für elektrische Rollstühle gilt eine Sonderregelung. Sie werden zwar auch kostenlos befördert, müssen sich aber grundsätzlich für die Beförderung eignen. Außerdem muss die Ver- und Entladung innerhalb des Zugaufenthalts möglich sein.

## Verlängerung des Ausweises

Ein Schwerbehindertenausweis wird höchstens zweimal verlängert. Dafür ist die Gemeinde- bzw. Stadtverwaltung zuständig. Nach zweimaliger Verlängerung wird ein neuer Ausweis ausgestellt.

## Vermögensbildung

Siehe „Bausparverträge"

## Versorgungsamt

Das Versorgungsamt dokumentiert die Eigenschaft als schwerbehinderter Mensch nach dem Schwerbehindertenrecht (SGB IX). Nach der Antragstellung werden die behandelnden Ärzte, Krankenhäuser, Kuranstalten und sonstige Stellen (z.B. Rentenversicherungsträger) nach Befundberichten bezüglich des aktuellen Gesundheitszustands befragt. Auf dieser Grundlage erfolgt eine Auswertung und Festlegung des GdB. Nachdem das Versorgungsamt in manchen Bundesländern abgeschafft wurde, sind dort nun die Gemeinde-, Kreis- oder Stadtverwaltungen zuständig.

## Wehrdienstbefreiung

Schwerbehinderte Menschen müssen keinen Wehrdienst und auch keinen Ersatzdienst leisten. Sie sind nach § 11 Abs. 1 Nr. 4 des Wehrpflichtgesetzes von der Wehrpflicht und auch von der Musterungspflicht nach § 3 der Musterungsverordnung befreit.

## Werbungskosten

Zu den abzugsfähigen Werbungskosten gehören u.a. die Kosten für Fahrten zwischen Wohnung und Arbeitsstätte (vergl. § 9 EStG). Ob es sinnvoller ist, eine Entfernungspauschale oder die tatsächlichen Fahrtkosten geltend zu machen, kann Ihnen Ihr Steuerberater sagen.

> **Praxis-Tipp:**
>
> In angemessenem Umfang können auch Kfz-Kosten für Privatfahrten geltend gemacht werden. Dabei gelten jedoch einige Voraussetzungen, u.a. muss der GdB mindestens 80 betragen.

## Wertmarke

Siehe „Beiblatt zum Ausweis"

## Wohngeld

Bei der Überprüfung, ob und in welcher Höhe Anspruch auf Wohngeld besteht, wird u.a. berücksichtigt, wie viele Familienmitglieder im Haushalt leben und wie hoch das gesamte Familieneinkommen ist. Infrage kommen Schwerbehinderte mit einem GdB von 100 und unter bestimmten Umständen auch Schwerbehinderte mit einem geringeren GdB, sofern häusliche Pflegebedürftigkeit besteht.

**Praxis-Tipp:**

Wohngeld können sowohl Mieter als auch Eigentümer von Eigenheimen und Eigentumswohnungen erhalten.

Bei der Ermittlung des Gesamteinkommens (§ 2 Abs. 1 und 2 EStG) aller Familienmitglieder werden Freibeträge in unterschiedlicher Höhe berücksichtigt. Erkundigen Sie sich hierzu bei den Wohngeldstellen der jeweiligen Gemeinde- oder Stadtverwaltungen.

**Wichtig:** Grundsätzlich haben u.a. Empfänger von Sozialgeld und Arbeitslosengeld II keinen Anspruch auf Wohngeld.

## Wohnraumförderung und Wohnberechtigungsschein

Die Bewilligung von Fördermitteln der sozialen Wohnraumförderung hängt u.a. von Ihrem Familienstand und dem gesamten Familieneinkommen ab. Dabei werden je nach GdB und eventueller Pflegebedürftigkeit unterschiedliche Beträge in Abzug gebracht.

Entsprechende Einkommensgrenzen gelten grundsätzlich auch für einen Wohnberechtigungsschein (WBS). Mit diesem haben Sie das Recht, eine durch öffentliche Mittel geförderte Mietwohnung zu beziehen (sozialer Wohnungsbau). Der Wohnberechtigungsschein berechtigt nur zum Bezug bestimmter Wohnungsgrößen.

**Wichtig:** Denken Sie daran, dass die einzelnen Fördermittel und Voraussetzungen je nach Bundesland unterschiedlich sind.

**Praxis-Tipp:**

Nähere Informationen erhalten Sie beim zuständigen Amt für Wohnungswesen bei der Gemeinde, Stadt- oder Kreisverwaltung.

## Wohnungsbauförderung

Je nach Bundesland werden öffentliche Mittel für den Bau oder Kauf von selbstgenutzten Immobilien gewährt. Diese Förderung besteht grundsätzlich aus einem Darlehen. Dabei sind allerdings Einkommensgrenzen zu beachten.

> **Praxis-Tipp:**
> Schwerbehinderte Menschen erhalten je nach GdB unterschiedlich hohe Freibeträge, welche das zu versteuernde Einkommen senken.

## Zivildienstbefreiung

Siehe „Wehrdienstbefreiung"

## Zusatzurlaub

Ein schwerbehinderter Arbeitnehmer hat Anspruch auf Zusatzurlaub. Voraussetzung ist allerdings, dass die Schwerbehinderteneigenschaft das ganze Jahr über bestanden hat. Der Zusatzurlaub beträgt stets eine Arbeitswoche.

Umfasst die Arbeitszeit z.B. fünf Tage pro Woche, beträgt auch die Dauer des Zusatzurlaubs fünf Tage; bei einer regelmäßigen Arbeitszeit von vier Tagen beträgt der Anspruch auf Zusatzurlaub ebenfalls vier Tage; bei sechs Tagen Arbeitszeit pro Arbeitswoche sind es sechs Tage Zusatzurlaub.

**Wichtig:** Der Anspruch auf Zusatzurlaub entsteht in dem Augenblick, in dem das Versorgungsamt die Schwerbehinderteneigenschaft feststellt. Erfolgt die Feststellung im Laufe des Jahres, gilt ein anteiliger Urlaubsanspruch.

## Zuzahlungen – wie viel und wofür?

Nicht alle Versicherten müssen in der gesetzlichen Krankenversicherung Zuzahlungen leisten. Kinder und Jugendliche unter 18 Jahren sind von Zuzahlungen grundsätzlich befreit (Ausnahmen: Kieferorthopädie und Fahrtkosten). Die nachfolgende Übersicht zeigt die wesentlichsten Zuzahlungen:

| Leistungen der gesetzlichen Krankenversicherung | Höhe der Zuzahlung | Befreiungsmöglichkeiten |
|---|---|---|
| Verschreibungspflichtige Arznei- und Verbandmittel | 10 % der Kosten, mindestens 5 EUR, höchstens 10 EUR | Nach Erreichen der Belastungsgrenze erfolgt eine Befreiung für den Rest des Kalenderjahres. Diese Grenze beträgt<br><br>■ 2 % des Familieneinkommens (brutto) bzw.<br><br>■ 1 % für chronisch Kranke<br><br>■ Kinder und Jugendliche unter 18 Jahren sind von der Zuzahlung grundsätzlich befreit (Ausnahmen: Kieferorthopädie und Fahrtkosten). |
| Heilmittel | 10 % der Kosten plus 10 EUR je Verordnung | |
| Hilfsmittel | 10 % der Kosten, mindestens 5 EUR, höchstens 10 EUR | |
| Fahrtkosten | | |
| Stationärer Aufenthalt | 10 EUR pro Tag, längstens für 28 Tage | |
| Häusliche Krankenpflege | 10 % je einzelner Leistung plus 10 EUR je Verordnung (höchstens 28 Tage) | |
| Stationäre Vorsorge- und Rehabilitationsmaßnahmen | 10 EUR täglich (für unbegrenzte Dauer) | |
| Anschluss-Rehabilitation | 10 EUR täglich (höchstens 28 Tage) | |
| Mütterkuren | 10 EUR täglich | |
| Haushaltshilfe | 10 % der Kosten, mindestens 5 EUR, höchstens 10 EUR pro Tag | |
| Zahnersatz | Es gelten Festzuschüsse, die sich bei regelmäßiger Vorsorge erhöhen. | |

# Antworten auf häufig gestellte Fragen

## Ab wann besteht Kündigungsschutz?

Für schwerbehinderte und gleichgestellte behinderte Menschen gilt ein besonderer Kündigungsschutz. Laut Neuntem Buch Sozialgesetzbuch (Teil 2 Schwerbehindertenrecht §§ 85 – 92) muss vor einer fristgerechten Kündigung die Zustimmung des zuständigen Integrationsamtes beantragt werden.

Von dieser Regelung sind u.a. folgende Fälle ausgenommen:

- das Arbeitsverhältnis hat zum Zeitpunkt der Kündigung noch keine sechs Monate ununterbrochen bestanden,
- der Arbeitnehmer hat selbst gekündigt,
- das Arbeitsverhältnis endet durch einen einvernehmlichen Aufhebungsvertrag oder
- es handelt sich um einen befristeten Vertrag, dessen Zeit abgelaufen ist (Zeitvertrag).

Neben der fristgerechten (ordentlichen) Kündigung gibt es die außerordentliche Kündigung. Eine außerordentliche Kündigung kann personen-, verhaltens- oder betriebsbedingt erfolgen.

**Wichtig:** Bei Kündigungen, die im Verhalten des schwerbehinderten Mitarbeiters begründet liegen, verliert der besondere Kündigungsschutz nach dem SGB IX die Schutzwirkung.

Bei betriebsbedingten Kündigungen aufgrund von Auftragsrückgängen, Einschränkungen des Betriebs oder gar Stilllegung ist die Entscheidung des Integrationsamtes durch das Gesetz derart eingeschränkt, dass der Kündigung in der Regel zugestimmt wird.

## Ab wann hat der Schwerbehinderte Anspruch auf Rente?

Zunächst einmal muss zwischen Altersrente und Rente wegen Erwerbsminderung unterschieden werden. Bei der Erwerbsminderungsrente ist es maßgebend, wie lange der Betroffene noch arbeiten kann. Bei einer Arbeitszeit von weniger als drei Stunden täglich erhält der Betroffene die volle Erwerbsminderungsrente, bei drei bis unter sechs Stunden täglich wird die halbe Erwerbsminderungsrente gewährt und bei sechs Stunden und mehr entfällt der Anspruch auf Erwerbsminderungsrente.

**Wichtig:** Grundvoraussetzung für den Bezug von Erwerbsminderungsrente ist die sogenannte Wartezeiterfüllung. Das heißt, dass der Betroffene vor dem Eintritt der Erwerbsminderung mindestens fünf Jahre lang versichert gewesen sein muss und davon mindestens drei Jahre lang Pflichtbeiträge gezahlt hat.

Auf die allgemeine Wartezeit werden angerechnet: Beitragszeiten (freiwillige und Pflichtbeiträge), Kindererziehungszeiten, Ersatzzeiten etc.

**Wichtig:** Die Wartezeit gilt als erfüllt, wenn die Minderung der Erwerbsfähigkeit u.a. durch einen Arbeitsunfall oder eine Schädigung während des Wehr- oder Zivildienstes eingetreten ist. In diesem Fall genügt bereits die Zahlung eines einzigen Pflichtbeitrags.

Für Berufsanfänger gilt die Wartezeit als erfüllt, wenn in den letzten zwei Jahren vor dem Eintritt der vollen Erwerbsminderung mindestens ein Jahr Pflichtbeiträge gezahlt wurden.

Die Altersrente für schwerbehinderte Menschen können Versicherte beantragen, die das 60. Lebensjahr vollendet haben, bei Beginn der Rente schwerbehindert sind (GdB mindestens 50) und eine Wartezeit von 35 Jahren erfüllen.

**Wichtig:** Die Altersgrenze wird für Versicherte, die ab 1941 geboren wurden, stufenweise auf das 63. Lebensjahr angehoben. Eine vorzeitige Inanspruchnahme ist dann zwar möglich, aber es müssen Rentenabschläge hingenommen werden.

**Praxis-Tipp:**

Es gibt aber Versicherte, die einen sogenannten Vertrauensschutz genießen. Fragen Sie für nähere Informationen bei Ihrem Rentenversicherungsträger nach.

### Ab welchem GdB wird ein Schwerbehindertenausweis ausgestellt?

Um das Vorhandensein der Eigenschaft als Schwerbehinderter, den GdB und weitere gesundheitliche Merkmale dokumentieren zu können, wird ein Schwerbehindertenausweis ausgestellt. Damit wird auch die Voraussetzung für die Inanspruchnahme von Rechten und Nachteilsausgleichen nach dem SGB IX und anderen Vorschriften geschaffen.

**Wichtig:** Einen Schwerbehindertenausweis erhalten Sie nur, wenn der GdB mindestens 50 beträgt.

### Bei welcher Institution muss der Antrag auf Feststellung der Schwerbehinderteneigenschaft gestellt werden?

Der Antrag auf Feststellung der Schwerbehinderteneigenschaft muss bei dem für Ihren Wohnsitz zuständigen Sozialamt gestellt werden. Dort werden dann der GdB sowie die gesundheitlichen Merkmale für die Gewährung von Nachteilsausgleichen festgestellt.

Der Antrag kann zunächst formlos gestellt werden. Daraufhin bestätigt das Sozialamt dem Antragsteller den Eingang und sendet diesem einen Antragsvordruck zu.

**Praxis-Tipp:**

In einigen Bundesländern besteht die Möglichkeit, einen Schwerbehindertenantrag online zu stellen (u. a. in Bayern, Niedersachsen und Nordrhein-Westfalen). Für nahezu alle Bundesländer stehen die entsprechenden Formulare im Internet als PDF zur Verfügung.

Nach derzeitiger Rechtsprechung genießen Personen, die beim zuständigen Sozialamt einen Antrag auf Feststellung der Schwerbehinderteneigenschaft stellen, bis zum rechtskräftigen Abschluss des Verfahrens einen Sonderkündigungsschutz.

### Bestehen Vergünstigungen beim Telefon?

Es gibt den sogenannten „Sozialtarif" der Deutschen Telekom. Diesen Tarif können nicht nur Sozialhilfeempfänger erhalten, sondern auch Schwerbehinderte mit dem Ausweismerkzeichen „RF".

**Wichtig:** Statt der früher üblichen Ermäßigung auf den monatlichen Grundpreis wird hierbei der Betrag des Sozialtarifs in Höhe von 8,72 Euro für blinde, gehörlose und sprachbehinderte Menschen mit einem GdB von wenigstens 90 bzw. 6,94 Euro für schwerbehinderte

Menschen, die in ihrem Ausweis das Merkzeichen „RF" haben, mit den normalen Telefonkosten verrechnet. Dabei ist es wichtig, dass die Gespräche über das Netz der Deutschen Telekom geführt werden.

### Das Versorgungsamt ist in einigen Bundesländern seit dem 1.1.2008 aufgelöst. Wer ist jetzt für Schwerbehindertenangelegenheiten zuständig?

Ab diesem Zeitpunkt müssen Sie die zuständige Kreisverwaltung kontaktieren. Aber auch die jeweiligen Gemeinde- oder Stadtverwaltungen stehen Ihnen mit Rat und Tat zur Verfügung. Ebenfalls verteilt sich ein Teil des Aufgabenbereichs auf die Landschaftsverbände. Das betrifft jedoch nicht alle Bundesländer, denn teilweise bleiben die Versorgungsämter nach wie vor bestehen.

### Für wen gilt die unentgeltliche Beförderung im öffentlichen Personennahverkehr?

Die unentgeltliche Beförderung im Personennahverkehr steht Schwerbehinderten mit folgenden Merkzeichen zu: „G, aG, BI, H, GI, VB und EB". Allerdings ist die kostenlose Beförderung nur mit einem zusätzlichen Beiblatt zum Schwerbehindertenausweis inklusive gültiger Wertmarke möglich.

**Wichtig:** Die Wertmarke ist grundsätzlich kostenpflichtig. Eine Ausnahme hiervon bilden Schwerbehinderte mit den Merkzeichen „BI" (Blindheit) oder „H" (Hilflosigkeit) sowie Sozialhilfeempfänger.

### Für wen wird wie viel Sterbegeld gezahlt – und von wem?

Das Sterbegeld wurde von allen gesetzlichen Krankenkassen abgeschafft. Allerdings gibt es nach dem Bundesversorgungsgesetz (BVG) vom jeweiligen Sozialamt ein Bestattungs- und Sterbegeld für Kriegsbeschädigte. Beim Tod eines rentenberechtigten Kriegsbeschädigten kann ein Bestattungsgeld von bis zu 1.498 Euro gewährt werden, sofern der Tod die Folge einer solchen Schädigung ist. Andernfalls kann ein Betrag von 751 Euro gewährt werden.

Beim Tod eines rentenberechtigten Beschädigten gibt es Sterbegeld in Höhe der dreifachen Versorgungsbezüge, die diesem für den Sterbemonat nach den §§ 30–33, 34 und 35 BVG zustanden. Eine Pflegezulage wird jedoch maximal bis Stufe II berücksichtigt.

**Wichtig:** Bestattungsgeld und Sterbegeld werden nur auf Antrag gewährt. Machen Sie gegebenenfalls das beauftragte Beerdigungsinstitut darauf aufmerksam.

### Gibt es Beitragsermäßigungen?

Schwerbehinderte Menschen müssen für kulturelle Veranstaltungen oder sonstige Eintritte bzw. Gebühren oft weniger bezahlen. Eine Nachfrage beim jeweiligen Veranstalter lohnt sich. Weitere Sparmöglichkeiten ergeben sich bei diversen Automobilclubs.

### Gibt es eine Vergünstigung beim Neuwagenkauf?

Schwerbehinderte Menschen mit einem GdB von mindestens 50 und einem Merkzeichen „G", „aG", „Gl" oder „Bl" bekommen bei vielen Automobilherstellern Sondernachlässe.

**Praxis-Tipp:**

Erkundigen Sie sich beim Bund behinderter Autobesitzer e.V., 66443 Bexbach, Postfach 1202, Tel./Fax (0 68 26) 57 82, Internet: www.bbab.de.

### Gibt es einen Sonderrabatt in der Kfz-Versicherung?

Manche Versicherungsgesellschaften bieten schwerbehinderten Fahrzeughaltern einen Sonderrabatt für die Kfz-Versicherung an. Aber seit der Freigabe der Versicherungsbedingungen (Mitte 1994) haben die meisten Versicherer diesen Beitragsnachlass gestrichen.

**Praxis-Tipp:**

Es gibt viele Gesellschaften, die keinen Sonderrabatt für Schwerbehinderte gewähren, aber trotzdem preiswerter sind als andere Anbieter mit Sonderrabatt.

### Inwiefern können örtliche Fürsorgestellen helfen?

Schwerbehinderte und gleichgestellte behinderte Menschen können von der zuständigen öffentlichen Fürsorgestelle finanzielle Hilfe erhalten. Das kann einerseits ein Darlehen sein, andererseits kann es sich um Zuschüsse handeln. Gefördert wird u.a. die Gründung einer selbstständigen beruflichen Existenz, ein Kraftfahrzeug zum Erreichen der Arbeitsstätte etc.

**Praxis-Tipp:**

Als Ansprechpartner in dieser Angelegenheit kommen nicht nur örtliche Fürsorgestellen infrage, sondern auch Reha-Träger.

## Ist der Schwerbehinderte zur Mehrarbeit verpflichtet?

Unabhängig von der Art des Beschäftigungsverhältnisses sind schwerbehinderte Arbeitnehmer und ihnen gleichgestellte Behinderte auf Verlangen von Mehrarbeit freizustellen.

**Wichtig:** Diese Freistellung begründet aber kein Ablehnungsrecht bezüglich Nachtarbeit und Arbeit an Sonn- und Feiertagen.

Rechtsgrundlagen hierzu finden Sie unter § 124 SGB IX.

## Ist eine rückwirkende Steuerermäßigung möglich?

Bei der Inanspruchnahme mancher Steuerermäßigungen kommt es darauf an, ab wann die Eigenschaft als Schwerbehinderter, der GdB oder gesundheitliche Merkmale nachgewiesen sind. Das gilt nicht nur für den möglichen Zusatzurlaub, sondern auch für die Inanspruchnahme mancher Steuerermäßigungen.

**Wichtig:** Einige Steuerermäßigungen können rückwirkend für ein ganzes Jahr in Anspruch genommen werden; selbst dann, wenn die Schwerbehinderteneigenschaft nur für einen einzigen Kalendertag im Jahr festgestellt wurde.

**Praxis-Tipp:**

Bei Unfällen oder beginnenden Erkrankungen können Sie in Ihrem Antrag angeben: „Ich bitte um rückwirkende Feststellung der Schwerbehinderteneigenschaft ab …" – Fragen Sie hierzu auf jeden Fall bei einem Steuerberater nach!

### Kann der Schwerbehindertenausweis eingezogen werden?

Wird der GdB auf unter 50 herabgesetzt, darf der Betroffene in der Regel den Ausweis bis zum Ablauf der Schutzfrist (drei Monate) behalten; danach wird er eingezogen. Wohnt der Behinderte nicht mehr im Geltungsbereich des Gesetzes, wird der Ausweis ohne Schutzfrist eingezogen.

**Wichtig:** Der Ausweis wird nicht eingezogen, wenn ein behinderter deutscher Arbeitnehmer durch eine deutsche Firma für eine bestimmte Zeit ins Ausland versetzt wird.

### Können Schwerbehinderte wieder in die GKV eintreten, wenn sie zuvor privatversichert waren?

Die Krankenversicherung ist ein häufig diskutiertes Thema. Gesetzlich oder privat heißt die Frage, wobei oft behauptet wird „einmal privat – immer privat". Im Grunde stimmt diese Behauptung, denn es ist sehr schwierig, von der privaten wieder in die gesetzliche Krankenkasse zu wechseln.

**Wichtig:** Wer privat krankenversichert ist und dann schwer erkrankt, ist grundsätzlich für den Rest seines Lebens dieser einen Versicherungsgesellschaft ausgeliefert; denn keine andere Gesellschaft nimmt Schwerkranke auf.

Zwar hat der Versicherte das Recht auf einen Tarifwechsel (§ 178f VVG), das gilt aber nur für einen gleichwertigen oder schlechteren Versicherungsschutz. So steigen entweder die Beiträge überproportional oder die Leistungen werden immer mehr reduziert. Und ein Zurück in die GKV ist nahezu unmöglich.

> **Praxis-Tipp:**
>
> Ein Zurück in die gesetzliche Krankenversicherung in Form des freiwilligen Beitritts ist grundsätzlich nur innerhalb von drei Monaten nach der Feststellung der Schwerbehinderteneigenschaft möglich. Als Voraussetzung hierfür muss ein Elternteil oder der Ehegatte in den letzten fünf Jahren vor dem Beitritt mindestens drei Jahre dort versichert gewesen sein.

## Muss der Behindertenausweis jedes Jahr erneuert werden?

Ein Schwerbehindertenausweis wird grundsätzlich auf längstens fünf Jahre befristet. Schwerbehinderte Kinder unter zehn Jahren erhalten den Ausweis befristet bis zur Vollendung des zehnten Lebensjahres. Danach wird der Ausweis mit einem Lichtbild versehen. Für schwerbehinderte Kinder zwischen zehn und 15 Jahren wird die Gültigkeit des Ausweises maximal bis zur Vollendung des 20. Lebensjahres befristet.

**Wichtig:** Ein Schwerbehindertenausweis kann höchstens zweimal verlängert werden; danach muss er neu ausgestellt werden.

**Praxis-Tipp:**

Ist eine wesentliche Änderung des Gesundheitszustands nicht zu erwarten, kann die Gültigkeitsdauer unbefristet sein.

## Muss ein Behinderter die Sperrfrist bei einem Bausparvertrag einhalten?

Mit dem Abschluss eines Bausparvertrags ist u.a. eine Wohnungsbauprämie oder die Arbeitnehmersparzulage verbunden. Der Sparer kann entweder ein Bauspardarlehen beanspruchen oder sich das angesammelte Guthaben auszahlen lassen. Das ist grundsätzlich prämienunschädlich, wenn die sogenannte Sperrfrist (sieben bzw. zehn Jahre) abgelaufen ist.

Schwerbehinderte mit einem GdB von mindestens 95 können über ihren Bausparvertrag vorzeitig verfügen. Dasselbe gilt auch für den Ehegatten eines Behinderten. Es spielt dabei keine Rolle, ob es sich um den Abschluss eines Bausparvertrags handelt oder um vermögenswirksame Leistungen.

**Wichtig:** Wurde ein Bausparvertrag oder ein Sparvertrag nach dem Vermögensbildungsgesetz vor der Feststellung der Behinderung abgeschlossen, so ist eine Auszahlung vor dem Ablauf der Sperrfrist prämienunschädlich. Das gilt auch, wenn bei Aufwendungen für den Erwerb von Vermögensbeteiligungen die Sperrfrist nicht eingehalten wird.

## Unter welchen Voraussetzungen kann ein Fahrdienst für Privatfahrten in Anspruch genommen werden?

Hierbei handelt es sich um Leistungen des jeweiligen Kreises. Diese Leistungen sind derart individuell und unterschiedlich geregelt, dass hierauf nicht ausführlicher eingegangen wird. Es gibt auch Kreise, in denen überhaupt kein Fahrdienst angeboten wird. Dann können diese Zeilen vielleicht eine nützliche Anregung sein, um ein solches Angebot für Behinderte ins Leben zu rufen.

**Wichtig:** Behindertenfahrten werden u.a. von folgenden Institutionen durchgeführt: Malteser Hilfsdienst, Johanniter, AWO, Rotes Kreuz etc.

**Beispiel,
wie der Fahrdienst in manchen Kreisen angeboten wird:**

Voraussetzung: Schwerbehinderte mit dem Merkzeichen aG und einem GdB von mindestens 80 ohne eigenes Fahrzeug.

Wohin? – Innerhalb des gesamten Kreises des Wohnorts.

Wann? – An jedem Wochentag von 7 bis 22 Uhr.

Sinn und Zweck: Privatfahrten zum Einkaufen und zum Besuch von Freunden, Verwandten oder Bekannten.

Wie oft? – Maximal dreimal pro Monat.

## Unter welcher Voraussetzung ist eine Ermäßigung oder Befreiung bei der Kfz-Steuer möglich?

Schwerbehinderte, die im Ausweis die Merkzeichen „G" oder „Gl" haben, können wählen, ob sie beim zuständigen Finanzamt eine 50-prozentige Kfz-Steuerermäßigung beantragen möchten oder einen Freifahrtausweis für die Benutzung öffentlicher Verkehrsmittel wünschen.

**Wichtig:** Eine Kombination von Kfz-Steuerermäßigung und „Freifahrt" ist bei den genannten Merkzeichen nicht möglich.

Die 50-prozentige Steuerermäßigung muss beim zuständigen Finanzamt beantragt werden. Hierzu müssen Sie beim Sozialamt ein

Beiblatt zum Ausweis ohne Wertmarke und ein Antragsformular anfordern. Damit können Sie dann die Kfz-Steuerermäßigung beim Finanzamt beantragen.

**Wichtig:** Das Finanzamt vermerkt die Steuerermäßigung auf dem Beiblatt und im Fahrzeugschein.

Eine 100-prozentige Kfz-Steuerbefreiung erhalten nur Schwerbehinderte mit den Merkzeichen „H", „Bl" oder „aG". Unter Umständen ist die Kfz-Steuerbefreiung auch für Schwerbehinderte mit den Merkzeichen „EB" oder „VB" möglich.

**Praxis-Tipp:**

Schwerbehinderte mit den Merkzeichen „H", „Bl" oder „aG" können neben der 100-prozentigen Kfz-Steuerbefreiung zusätzlich die „Freifahrt" beanspruchen.

**Wichtig:** Das Fahrzeug, für welches der Behinderte eine Steuerermäßigung oder -befreiung beantragt, muss auf seinen Namen zugelassen sein.

### Wann darf eine Begleitperson kostenlos öffentliche Verkehrsmittel benutzen?

Erhält der Schwerbehindertenausweis das Merkzeichen „B" („Die Notwendigkeit ständiger Begleitung ist nachgewiesen."), darf der Betroffene in allen Personenzügen kostenlos eine Begleitperson mitnehmen. Eine Kilometerbegrenzung gibt es dabei nicht. Den Gesetzestext finden Sie in § 145 SGB IX.

**Praxis-Tipp:**

Die kostenlose Begleitung in Personenzügen gilt auch dann, wenn der Behinderte selbst bezahlen muss (z.B. bei Fahrten mit dem IC oder ICE).

**Wichtig:** Trotz Merkzeichen „B" im Behindertenausweis darf der Betroffene öffentliche Verkehrsmittel selbstverständlich auch ohne Begleitung benutzen.

Haben zwei Behinderte das Merkzeichen „B" in ihren Ausweisen, ist allerdings eine gegenseitige Begleitung ausgeschlossen.

## Wann darf man auf Behindertenparkplätzen parken?

Nur wer einen entsprechenden Parkausweis hat, darf u.a. auf reservierten Parkplätzen parken, die durch ein Schild mit Rollstuhlfahrersymbol gekennzeichnet sind. Einen Parkausweis erhalten schwerbehinderte Menschen mit den Ausweismerkzeichen „aG" oder „BI". Es spielt dabei keine Rolle, ob der Behinderte selbst ein Auto besitzt.

**Praxis-Tipp:**

Den Parkausweis können Sie beim zuständigen Straßenverkehrsamt beantragen.

**Wichtig:** Wer sein Auto unberechtigt auf einem Behindertenparkplatz abstellt, muss mit einem Verwarnungsgeld in Höhe von derzeit 35 Euro rechnen. Unberechtigt abgestellte Fahrzeuge können darüber hinaus grundsätzlich abgeschleppt werden.

## Wann erhalten Sie einen Schwerbehindertenausweis?

Ein Schwerbehindertenausweis dient zum Nachweis der Schwerbehinderteneigenschaft, des GdB und gesundheitlicher Merkmale, um entsprechende Nachteilsausgleiche beanspruchen zu können.

**Wichtig:** Ein Ausweis wird erst ab einem GdB von 50 ausgestellt. Dabei ist es Voraussetzung, dass Ihr gewöhnlicher Aufenthaltsort in Deutschland liegt.

## Wann gilt für Arbeitnehmer ein erweiterter Kündigungsschutz?

Schwerbehinderte und gleichgestellte behinderte Arbeitnehmer genießen einen besonderen Kündigungsschutz gemäß den §§ 85 – 92 SGB IX. Jede ordentliche (fristgerechte) Kündigung durch den Arbeitgeber bedarf ausdrücklich der vorherigen Zustimmung durch das Integrationsamt.

Von dieser Regelung sind folgende Fälle ausgenommen:

- das Beschäftigungsverhältnis bestand zum Zeitpunkt der Kündigung noch keine sechs Monate
- der Arbeitnehmer hat gekündigt
- das Arbeitsverhältnis wurde durch einen einvernehmlichen Aufhebungsvertrag zwischen Arbeitgeber und Arbeitnehmer beendet
- es handelt sich um einen Zeitvertrag

**Wichtig:** Bei Kündigungen, die im Verhalten des schwerbehinderten Mitarbeiters begründet liegen, verliert der besondere Kündigungsschutz nach dem SGB IX seine Wirkung.

### Wann ist eine Befreiung von der Zuzahlungspflicht für Arzneimittel möglich?

Wer gesetzlich krankenversichert ist, muss nicht unbegrenzt Zuzahlungen leisten. Grundsätzlich sind maximal zwei Prozent des jährlichen Familienbruttoeinkommens zu bezahlen. Für chronisch kranke Versicherte beträgt die Belastungsgrenze ein Prozent des jährlichen Familienbruttoeinkommens.

**Wichtig:** Beim Zahnersatz kommt die sogenannte Härtefallregelung zum Tragen. Diese kann zu einer vollständigen Befreiung von Zuzahlungen führen. Fragen Sie im Bedarfsfall bei Ihrer Krankenkasse nach.

### Wann ist eine Platzreservierung in Zügen der Deutschen Bahn kostenlos?

Als Voraussetzung für eine kostenlose Sitzplatzreservierung in Zügen der Deutschen Bahn AG muss der Schwerbehinderte auf ständige Begleitung angewiesen sein. Hat also jemand im amtlichen Schwerbehindertenausweis das Merkzeichen „B" und ist der Vermerk „Die Notwendigkeit ständiger Begleitung ist nachgewiesen" nicht gelöscht, darf der Betroffene einen oder zwei Sitzplätze kostenlos reservieren lassen.

**Wichtig:** Der Einsteigebahnhof muss sich in Deutschland befinden. Und: Die Reservierung muss entweder telefonisch erfolgen oder in einem DB-Reisezentrum abgeholt werden. Hierfür ist die Vorlage des Schwerbehindertenausweises erforderlich.

### Wann ist eine Wehrdienstbefreiung möglich?

Schwerbehinderte Jugendliche sind von der Ableistung des Wehrdienstes grundsätzlich befreit. Die Befreiung müssen Sie beim zuständigen Kreiswehrersatzamt beantragen. Somit besteht ebenfalls eine Befreiung von der Musterungspflicht.

### Wann ist man erwerbsunfähig?

Heute unterscheidet man nicht mehr zwischen Berufs- und Erwerbsunfähigkeit, sondern ausschließlich danach, wie viele Stunden täglich der betroffene Arbeitnehmer tätig sein kann. Daran orientiert sich auch der Anspruch auf Rente (siehe nachfolgende Übersicht):

| Mögliche Arbeitszeit | Rentenanspruch |
| --- | --- |
| Täglich unter drei Std. | Volle Rente |
| Täglich drei bis unter sechs Std. | Halbe Rente |
| Täglich sechs Std. oder mehr | Keine Rente |

### Wann können Hilfen in besonderen Lebenslagen gewährt werden?

Örtliche Fürsorgestellen können Zuschüsse und/oder Darlehen für Leistungen gewähren, die nicht im Leistungskatalog des Schwerbehindertengesetzes geregelt sind. Grundsätzlich wird diese finanzielle Hilfe aber nur dann gewährt, wenn ansonsten der Verlust des Arbeitsplatzes drohen würde. Die Höhe dieser finanziellen Unterstützung hängt vom jeweiligen Einzelfall ab.

## Wann müssen Rentenabschläge hingenommen werden?

Schwerbehinderte können vorzeitig Altersrente beantragen, wenn sie 35 anrechnungsfähige Versicherungsjahre nachweisen. Die Altersgrenze hierfür wurde bis Ende 2003 von 60 auf 63 Jahre angehoben. Allerdings kann die Rente auch weiterhin ab der Vollendung des 60. Lebensjahres bezogen werden.

**Wichtig:** Im Falle der vorzeitigen Inanspruchnahme muss mit einer Rentenkürzung gerechnet werden (0,3 Prozent der Rente für jeden Monat der vorzeitigen Inanspruchnahme).

Für Versicherte, die bis zum 16.11.1950 geboren sind und am 16.11.2000 bereits schwerbehindert, berufs- oder erwerbsunfähig waren, gilt weiterhin die Altersgrenze von 60 Jahren.

## Wann soll man einen Schwerbehindertenantrag stellen?

Sobald ein Arzt festgestellt hat, dass eine zu behandelnde Erkrankung nicht nur vorübergehend ist und eine dauernde Beeinträchtigung vorliegen wird, sollte sich der Betroffene an das zuständige Sozialamt wenden und dort einen Antrag auf Schwerbehinderung stellen.

**Praxis-Tipp:**

Wenden Sie sich für die Antragstellung an das zuständige Sozialamt oder das kommunale Bürgerbüro. Dort erhalten Sie nicht nur einen Antragsvordruck, sondern auch Hilfe beim Ausfüllen.

## Wann soll man einen Verschlimmerungsantrag stellen?

Bei Verschlechterung des Gesundheitszustands sollte in jedem Fall ein Verschlimmerungsantrag gestellt werden. Zuständig ist hierfür das jeweilige Sozialamt. Je nach GdB und Art des jeweiligen Merkzeichens sind damit Steuervorteile und sonstige Nachteilsausgleiche verbunden.

## Was bedeuten die einzelnen Merkzeichen?

Je nach Art der Behinderung geben die einzelnen Merkzeichen Auskunft darüber, welche Nachteilsausgleiche in Anspruch genommen werden können. Nachfolgend ist deren jeweilige Bedeutung erklärt:

„G"     Der Ausweisinhaber ist gehbehindert und in der Bewegungsfähigkeit im Straßenverkehr erheblich beeinträchtigt. Das Merkzeichen „G" erhält derjenige, der infolge einer altersunabhängigen Einschränkung des Gehvermögens Wegstrecken bis 2 km bei einer Gehdauer von etwa einer halben Stunde nicht ohne erhebliche Schwierigkeiten oder Gefahren gehen kann.

„aG"    Der Ausweisinhaber ist außergewöhnlich gehbehindert und kann sich nur mit fremder Hilfe oder großer Anstrengung bewegen.

„Bl"    Der Ausweisinhaber ist blind. Ihm fehlt entweder das Augenlicht vollständig oder die Sehkraft beträgt nicht mehr als $^1/_{50}$.

„Gl"    Der Ausweisinhaber ist gehörlos. Dabei handelt es sich um behinderte Menschen, bei denen beiderseitige Taubheit vorliegt. Auch Hörbehinderte erhalten dieses Merkzeichen, wenn eine Schwerhörigkeit beiderseits vorliegt, die an Taubheit grenzt, und darüber hinaus schwere Sprachstörungen bestehen.

„B"     Dieses Merkzeichen wird auf der Vorderseite des Ausweises eingetragen und bedeutet, dass eine ständige Begleitung erforderlich ist. Die jeweilige Begleitperson darf öffentliche Verkehrsmittel kostenfrei benutzen, selbst dann, wenn der Behinderte zahlen muss.

„H"     Der Ausweisinhaber ist hilflos. Er bedarf infolge seiner Behinderung dauernd fremder Hilfe.

„RF"    Der Ausweisinhaber erfüllt die gesundheitlichen Voraussetzungen für die Befreiung von der Rundfunkgebührenpflicht. Dieses Merkzeichen können Behinderte erhalten, die einen GdB von mindestens 80 haben und wegen ihres Leidens allgemein von öffentlichen Veranstaltungen ausgeschlossen sind.

„1. Kl." Der Ausweisinhaber ist kriegsbeschädigt oder Verfolgter im Sinne des Bundesentschädigungsgesetzes. Er darf in Zügen mit einer Fahrkarte für die 2. Klasse die 1. Klasse benutzen. Der GdB muss mindestens 70 betragen. Der körperliche Zustand muss die Unterbringung in der ersten Wagenklasse erfordern.

„VB" Dieses Merkzeichen wird auf der Vorderseite des Ausweises eingetragen und bedeutet, dass der Ausweisinhaber versorgungsberechtigt ist. Der GdB muss mindestens 50 betragen.

„EB" Dieses Merkzeichen wird ebenfalls auf der Vorderseite des Ausweises eingetragen. Die Erwerbsfähigkeit ist nach den Vorschriften des Bundesentschädigungsgesetzes um mindestens 50 Prozent vermindert.

## Was bedeuten „Nachteilsausgleiche"?

Nachteilsausgleiche sind Vorteile, die ein Schwerbehinderter nutzen kann. Im Arbeits- und Berufsleben sind das u.a. Kündigungsschutz, Zusatzurlaub, Freistellung von Mehrarbeit etc. Ferner gehören dazu Gebühren- und Steuerermäßigungen.

Ein anderer Nachteilsausgleich kann die Rundfunkgebührenbefreiung sein. Zusätzliche Vergünstigungen, z.B. Beitrags- oder Gebührenermäßigungen und Parkerleichterungen, kommen hinzu. Darüber hinaus besteht die Möglichkeit der unentgeltlichen Beförderung in öffentlichen Nahverkehrsmitteln.

Sonstige Nachteilsausgleiche (also Vergünstigungen) können sein: Blindengeld, Blindenhilfe, Wohnraumförderung, Kindergeldzahlung etc.

**Wichtig:** Die Nachteilsausgleiche richten sich u.a. nach dem GdB und den jeweiligen Merkzeichen.

## Was bedeutet „Gleichstellung"?

Wer behindert ist und einen GdB von weniger als 50, aber mindestens 30 hat, kann von der Agentur für Arbeit schwerbehinderten Menschen gleichgestellt werden, wenn er ohne die Gleichstellung keinen geeigneten Arbeitsplatz erlangen oder behalten kann.

**Wichtig:** Mit der Gleichstellung erlangen Betroffene grundsätzlich den gleichen Status wie Schwerbehinderte. Das betrifft vorwiegend den Kündigungsschutz. Nachteilsausgleiche wie Zusatzurlaub, unentgeltliche Beförderung oder vorgezogene Altersrente können dagegen nicht in Anspruch genommen werden.

**Wichtig:** Der Antrag auf Gleichstellung kann formlos bei der zuständigen Agentur für Arbeit gestellt werden. Behinderte können allerdings nur gleichgestellt werden, wenn ihre wöchentliche Arbeitszeit mindestens 18 Stunden beträgt.

### Was bedeutet „Grundsicherung"?

Für die Grundsicherung kommen nur Menschen infrage, die ihren Lebensunterhalt nicht selbst bestreiten können und die ihren ständigen Wohnsitz in Deutschland haben. Des Weiteren müssen sie entweder das 65. Lebensjahr vollendet haben oder das 18. Lebensjahr vollendet haben und aus medizinischen Gründen dauerhaft voll erwerbsgemindert sein.

**Wichtig:** Rechtsgrundlagen hierzu finden Sie im Sozialgesetzbuch (SGB) XII. Die Grundsicherung können Sie bei der zuständigen Kreis- oder Stadtverwaltung beantragen.

Folgende Personen haben keinen Anspruch auf Grundsicherung:

- Personen, deren Eltern oder Kinder jährlich mehr als 100.000 Euro verdienen

- Personen, die ihre Bedürftigkeit in den letzten zehn Jahren vorsätzlich oder grob fahrlässig herbeigeführt haben

- ausländische Staatsangehörige, die Leistungen nach dem Asylbewerberleistungsgesetz erhalten

**Wichtig:** Die eigenen Einkünfte des Bedürftigen werden bei der Berechnung abgezogen. Sind die Einkünfte niedriger als der rechnerische Bedarf, wird der Differenzbetrag als Grundsicherung ausgezahlt. Eigenes Vermögen muss aber zuerst aufgebraucht werden.

**Was bedeutet „Wartezeit"?**

Die Wartezeit ist für die gesetzliche Rente im Alter oder bei geminderter Erwerbsfähigkeit von Bedeutung, denn wer die Wartezeiterfüllung nicht nachweisen kann, geht grundsätzlich leer aus.

Die Wartezeit für die Altersrente beträgt 35 Jahre. Auf diese allgemeine Wartezeit sind folgende Zeiten anzurechnen:

- Beitragszeiten (Pflicht- und freiwillige Beiträge),
- Kindererziehungszeiten,
- Zeiten aus dem Versorgungsausgleich und dem Rentensplitting unter Ehegatten,
- Zeiten geringfügiger Beschäftigung mit Beitragszahlung des Arbeitnehmers,
- Zuschläge an Entgeltpunkten für Arbeitsentgelt aus geringfügiger, versicherungsfreier Beschäftigung,
- Ersatzzeiten (z.B. Kriegsdienst, Kriegsgefangenschaft),
- Anrechnungszeiten (z.B. Schulausbildung nach der Vollendung des 17. Lebensjahres),
- Berücksichtigungszeiten (z.B. Erziehung des Kindes bis zur Vollendung des zehnten Lebensjahres).

**Wichtig:** Die Wartezeit gilt grundsätzlich als erfüllt, wenn die Minderung der Erwerbsfähigkeit u.a. aufgrund eines Arbeitsunfalls oder einer Schädigung während des Wehr- oder Zivildienstes eingetreten ist. In dem Fall genügt bereits ein einziger gezahlter Pflichtbeitrag.

Für Berufsanfänger gilt die Wartezeit ebenfalls als erfüllt. Als solche gelten Versicherte, die vor dem Ablauf von sechs Jahren nach der Beendigung einer Ausbildung voll erwerbsgemindert wurden und in den letzten zwei Jahren vor dem Eintritt der vollen Erwerbsminderung mindestens ein Jahr lang Pflichtbeiträge gezahlt haben.

**Wichtig:** Der Zeitraum von zwei Jahren vor dem Eintritt der vollen Erwerbsminderung verlängert sich um Zeiten der schulischen Ausbildung nach Vollendung des 17. Lebensjahres von bis zu sieben Jahren.

## Was ist der Unterschied zwischen Blinden und hochgradig Sehbehinderten?

Als Blinde im Sinne des Gesetzes gelten nicht nur tatsächlich Blinde, sondern auch Personen, deren Sehschärfe auf dem besseren Auge nicht mehr als 0,02 Prozent (also $1/50$) beträgt.

Hochgradig sehbehindert sind laut Gesetz Personen, deren besseres Auge mit Gläserkorrektur ohne besondere optische Hilfsmittel eine Sehschärfe von nicht mehr als 0,05 Prozent (also $1/20$) aufweist.

## Welche Ansprüche haben behinderte Kinder?

Für Kinder und Jugendliche gelten grundsätzlich dieselben Maßstäbe wie für Erwachsene. Eine alterstypische Hilfsbedürftigkeit wird bei der Feststellung einer Behinderung nicht berücksichtigt.

## Welche Eingliederungshilfen gibt es für Schwerbehinderte?

Auch hier sind wieder je nach Bundesland große Unterschiede zu verzeichnen. Zum einen gibt es Eingliederungshilfen für behinderte Menschen, die eine Hochschule besuchen möchten. Diese Hochschulförderung soll behinderten Studierenden helfen, einen akademischen Berufsabschluss zu erwerben. Auch können eventuelle Kosten für persönliche Hilfen und Sachmittel bezuschusst werden.

**Wichtig:** Diese Leistungen werden grundsätzlich nur dann gewährt, wenn kein anderer Träger (z.B. Agentur für Arbeit oder Rentenversicherungsträger) zuständig ist und gewisse Einkommensgrenzen nicht überschritten werden.

**Wichtig:** Hat der Behinderte bereits eine Berufsausbildung abgeschlossen, erfolgt keine Förderung mehr.

Zum anderen gibt es eine berufliche Eingliederungshilfe für Behinderte, die nicht mehr in der Lage sind, ihren erlernten Beruf oder ihre bisherige Tätigkeit auszuüben. Zu diesem Zweck existieren gemeinnützige, überregionale Einrichtungen (Berufsförderungswerke), die berufliche Rehabilitation zur Fortbildung und Umschulung Behinderter anbieten.

Des Weiteren können Arbeitgeber einen Eingliederungszuschuss erhalten, wenn sie Schwerbehinderte oder gleichgestellte Behinderte einstellen.

**Praxis-Tipp:**

Leistungen der Agentur für Arbeit müssen vor dem Abschluss eines entsprechenden Arbeitsvertrages beantragt werden.

### Welche Parkerleichterungen gibt es?

Schwerbehinderte mit einer außergewöhnlichen Gehbehinderung (Merkzeichen „aG" im Schwerbehindertenausweis) können bei der zuständigen Straßenverkehrsbehörde eine Ausnahmegenehmigung beantragen. Diese berechtigt sie, ihr Fahrzeug dort abzustellen, wo dies für andere verboten ist (z.B. im eingeschränkten Halteverbot).

**Praxis-Tipp:**

An Parkuhren und bei Parkscheinautomaten darf mit dieser Ausnahmegenehmigung zeitlich unbegrenzt und ohne Gebühr geparkt werden.

### Welche Steuerermäßigungen gibt es?

Es existieren derart viele steuerliche Ermäßigungen, dass diese ein eigenes Buch füllen würden. Deshalb finden Sie nachfolgend lediglich eine kurze Zusammenfassung der wesentlichsten Steuerermäßigungen:

- Werbungskostenabzug

- außergewöhnliche Belastungen

- Behinderten-Pauschbetrag

- Pflegepauschbetrag

- Kinderbetreuungskosten

- sonstige Steuerermäßigungen

**Praxis-Tipp:**

Fragen Sie im Hinblick auf steuerliche Vorteile stets einen fach-kundigen Steuerberater.

## Welcher Unterschied besteht zwischen behindert und schwerbehindert?

Von einer Behinderung ist die Rede, wenn körperliche Funktionen, geistige Fähigkeiten oder die seelische Gesundheit eingeschränkt sind – und das nicht nur vorübergehend. Von schwerbehinderten Menschen ist die Rede, wenn der GdB mindestens 50 beträgt.

**Wichtig:** Für die Inanspruchnahme von Nachteilsausgleichen ist es Voraussetzung, dass der schwerbehinderte Mensch in der Bundes-republik wohnt, seinen gewöhnlichen Aufenthalt dort hat oder hier beschäftigt ist.

## Welcher Unterschied besteht zwischen Blindengeld und Blindenhilfe?

Auch bei dieser finanziellen Hilfe bestehen enorme regionale Un-terschiede, denn in jedem Bundesland existieren andere Vorschrif-ten und verschieden hohe finanzielle Hilfen.

Einer der wesentlichen Unterschiede liegt in der Sehschärfe. Wer auf dem besseren Auge eine Sehschärfe von nicht mehr als fünf Prozent hat, kann Blindenhilfe beantragen. Personen, deren bes-seres Auge eine Sehschärfe von nicht mehr als zwei Prozent hat, gelten als blind und können daher Blindengeld beantragen.

**Wichtig:** Die Einschränkung durch Blindheit muss entweder mit ei-ner augenärztlichen Bescheinigung nachgewiesen werden oder mit einem Schwerbehindertenausweis, der das Merkzeichen „Bl" enthält.

**Wer erhält das Beiblatt zum Schwerbehindertenausweis kostenlos?**

Grundsätzlich muss die Wertmarke zur Freifahrtberechtigung mit öffentlichen Nahverkehrsmitteln bezahlt werden. Schwerbeschädigte, in deren Ausweis die Merkzeichen „H" oder „BI" eingetragen sind, brauchen für die Wertmarke nichts bezahlen.

Mit der Eintragung „Kriegsbeschädigt" und dem Merkzeichen „VB" oder „EB" erhält der Versorgungsberechtigte die Wertmarke ebenfalls kostenlos, sofern er bereits am 1.10.1979 freifahrtberechtigt war und die MdE aufgrund der Schädigung heute noch mindestens 70 Prozent beträgt. Oder die MdE beträgt noch 50 bzw. 60 Prozent und das Merkzeichen „G" wurde infolge der Schädigung eingetragen.

Schwerbehinderte, die Arbeitslosengeld II oder Sozialhilfe beziehen, erhalten die Wertmarke ebenfalls kostenlos.

**Wer erhält eine BahnCard billiger?**

Besitzer einer BahnCard 25 bzw. BahnCard 50 erhalten bei Bahnfahrten eine Ermäßigung von 25 bzw. 50 Prozent. Die BahnCard 50 ist für schwerbehinderte Menschen ab einem GdB von 70 und für Erwerbsminderungsrentner zum halben Preis erhältlich.

**Wer erhält eine Befreiung von der Rundfunkgebührenpflicht?**

Personen, die in ihrem Schwerbehindertenausweis das Merkzeichen „RF" haben, können eine Befreiung von der Rundfunkgebührenpflicht beantragen. Der Antrag muss bei der Gebühreneinzugszentrale der öffentlich-rechtlichen Rundfunkanstalten in Deutschland gestellt werden. Die Anschrift lautet: GEZ, 50656 Köln.

**Wichtig:** Wer in seinem Schwerbehindertenausweis das Merkzeichen „RF" hat, bekommt von der Deutschen Telekom den sogenannten Sozialtarif. Damit ermäßigt sich die Grundgebühr. Diese Vergütung wird freiwillig gewährt und kann jederzeit widerrufen werden.

### Werden Hilfsmittel kostenlos befördert?

Die Deutsche Bahn AG transportiert Rollstühle und sonstige orthopädische Hilfsmittel unentgeltlich, wenn diese an den dafür vorgesehenen Stellen untergebracht werden können. Näheres können Sie der Informationsbroschüre „Mobil mit Handicap" von der Deutschen Bahn AG entnehmen, die herausgegeben wurde.

### Wie hoch ist der Behinderten-Pauschbetrag?

Im Falle einer Steuerermäßigung nach § 33 EStG kann statt des Einzelnachweises außergewöhnlicher Belastungen ein Behinderten-Pauschbetrag geltend gemacht werden. Die Behinderten-Pauschbeträge richten sich nach dem GdB und betragen:

| Grad der Behinderung | Pauschbetrag |
|---|---|
| von 25 und 30 | 310 EUR |
| von 35 und 40 | 430 EUR |
| von 45 und 50 | 570 EUR |
| von 55 und 60 | 720 EUR |
| von 65 und 70 | 890 EUR |
| von 75 und 80 | 1.060 EUR |
| von 85 und 90 | 1.230 EUR |
| von 95 und 100 | 1.420 EUR |

Bei behinderten Menschen, die im Schwerbehindertenausweis das Merkzeichen „H" (hilflos) haben oder in die Pflegestufe III eingestuft sind, erhöht sich der Pauschbetrag auf 3.700 Euro.

### Wie lange ist ein Behindertenausweis gültig?

Ein Behindertenausweis wird grundsätzlich für maximal fünf Jahre ausgestellt. Falls eine Änderung des Gesundheitszustands nicht zu erwarten ist, kann der Ausweis unbefristet ausgestellt werden.

**Wichtig:** Der Schwerbehindertenausweis darf höchstens zweimal verlängert werden; danach muss ein neuer Ausweis ausgestellt werden.

Die Gültigkeit eines Ausweises für schwerbehinderte Kinder wird grundsätzlich bis zur Vollendung des zehnten Lebensjahres befristet. Danach wird ein neuer Ausweis mit Lichtbild ausgestellt. Für schwerbehinderte Kinder zwischen zehn und 15 Jahren wird die Gültigkeit maximal bis zur Vollendung des 20. Lebensjahres befristet.

## Wie lange wird Kindergeld für behinderte Kinder gezahlt?

Laut Bundeskindergeldgesetz wird das Kindergeld unbegrenzt gezahlt, sofern das Kind wegen seiner Behinderung nicht in der Lage ist, sich selbst zu unterhalten. Voraussetzung: Die Behinderung muss vor der Vollendung des 25. Lebensjahres eingetreten sein.

**Wichtig:** Der Anspruch endet jedoch mit der Vollendung des 25. Lebensjahres, falls das Kind mangels anderer Berechtigter das Kindergeld selbst erhält.

## Wie lange wird Waisenrente für behinderte Kinder gezahlt?

Behinderte Kinder erhalten Waisenrente nach dem Bundesversorgungsgesetz (BVG) auch über das 18. Lebensjahr hinaus für unbegrenzte Dauer. Allerdings endet eine mögliche Waisenrente aus der gesetzlichen Unfallversicherung mit Vollendung des 25. Lebensjahres (§ 67 Abs. 3 SGB XII).

## Wie oft darf der Behindertenausweis verlängert werden?

Ein Schwerbehindertenausweis wird maximal für die Dauer von fünf Jahren ausgestellt. Danach darf er höchstens zweimal verlängert werden. Die Ausweisverlängerung erfolgt durch das Versorgungsamt oder eine nach Landesrecht zuständige Behörde.

## Wie viel darf der Empfänger einer Erwerbsminderungsrente hinzuverdienen?

Die individuelle Hinzuverdienstgrenze ergibt sich u.a. aus dem persönlichen Verdienst der letzten drei Kalenderjahre vor dem Eintritt der Erwerbsminderung. Für Personen mit teilweiser Erwerbsminderung gilt: Je nach Höhe des Hinzuverdienstes kann auch eine Rente in halber Höhe beansprucht werden.

Wer eine Rente wegen voller Erwerbsminderung bezieht, darf im Jahr 2010 400 Euro hinzuverdienen; das ist $1/7$ der monatlichen Be-

zugsgröße. Diese Bezugsgröße orientiert sich am Durchschnitts-
entgelt der gesetzlichen Rentenversicherung des vorletzten Ka-
lenderjahres.

**Wichtig:** Wer eine Rente wegen voller Erwerbsminderung erhält,
darf mehr als $1/7$ der monatlichen Bezugsgröße verdienen, wenn er
statt der vollen Rente nur $1/4$, $1/2$ oder $3/4$ der Rente bezieht.

### Wie viel Geld gibt es bei Pflegebedürftigkeit?

Die Leistungen der Pflegeversicherung sind u.a. von der jeweiligen
Pflegestufe und von der Art der Pflege (häuslich oder stationär)
abhängig. Nachfolgend finden Sie eine Zusammenfassung der jeweiligen Leistungen:

| | Pflegestufe I | Pflegestufe II | Pflegestufe III |
|---|---|---|---|
| **Häusliche Pflege:** | | | |
| Monatliche Kostenerstattung (max.) | 440 EUR | 1.040 EUR | 1.685 EUR, in Härtefällen bis 1.918 EUR |
| Pflegegeld (monatl.) | 225 EUR | 430 EUR | 685 EUR |
| Pflegehilfsmittel (monatlich max.) | 31 EUR | 31 EUR | 31 EUR |
| Zuschüsse zur Verbesserung des Wohnumfelds (max.) | 2.557 EUR je Maßnahme | 2.557 EUR je Maßnahme | 2.557 EUR je Maßnahme |
| Häusliche Pflege bei Verhinderung der Pflegeperson | 1.510 EUR für vier Wochen je Kalenderjahr | 1.510 EUR für vier Wochen je Kalenderjahr | 1.510 EUR für vier Wochen je Kalenderjahr |
| **Stationäre Kurzzeitpflege (max.)** | 1.510 EUR für vier Wochen je Kalenderjahr | 1.510 EUR für vier Wochen je Kalenderjahr | 1.510 EUR für vier Wochen je Kalenderjahr |
| **Stationäre Pflege** | 1.023 EUR | 1.279 EUR | 1.510 EUR Härtefall 1.750 EUR |

**Wichtig:** Die Leistungen für die stationäre Pflege enthalten keine Unterkunfts- und Verpflegungskosten.

### Wie viel Zusatzurlaub steht Schwerbehinderten zu?

Jedem Schwerbehinderten mit einem GdB von mindestens 50 steht ein Zusatzurlaub von einer Arbeitswoche zu. Umfasst die Arbeitswoche beispielsweise sechs Tage, beträgt der Anspruch auf Zusatzurlaub ebenfalls sechs Tage; bei einer Arbeitswoche von vier Tagen ergibt sich ein Anspruch auf Zusatzurlaub von vier Tagen.

Der Arbeitnehmer muss diesen Zusatzurlaub beim Arbeitgeber gegen Vorlage des Schwerbehindertenausweises geltend machen. Er kann sich dabei auf § 125 SGB IX berufen.

**Wichtig:** Behinderte, die schwerbehinderten Arbeitnehmern gleichgestellt sind, haben keinen Anspruch auf Zusatzurlaub.

### Wo darf man mit einem Parkausweis parken?

Schwerbehinderte mit den Ausweismerkzeichen „aG" oder „Bl" können beim zuständigen Straßenverkehrsamt einen Parkausweis erhalten. Für Besitzer einer neuen blauen Parkkarte gelten in allen EU-Mitgliedstaaten dieselben Parkvergünstigungen, wie sie dort wohnhafte behinderte Personen genießen.

> **Praxis-Tipp:**
>
> Für Behinderte sind viele Parkplätze mit einem Verkehrszeichen (Rollstuhlsymbol) gekennzeichnet. Parken Sie jedoch nicht auf Plätzen, die durch den Zusatz „mit Parkausweis Nr. ..." für bestimmte Schwerbehinderte reserviert sind.

Wo Sie in Deutschland parken dürfen:

- Sie dürfen auf Straßen, auf denen das Parken – auch in Zonen – verboten ist, bis zu drei Stunden parken.

- Sie dürfen auf Straßen, auf denen das Parken – auch in Zonen – zeitlich beschränkt ist, die zugelassene Parkzeit überschreiten.

- Sie dürfen kostenlos und ohne Zeitbeschränkung auf Parkplätzen mit Parkuhren oder Parkscheinautomaten parken.

- Sie dürfen bis zu drei Stunden auf Parkplätzen für Anwohner parken.

- Sie dürfen in verkehrsberuhigten Bereichen außerhalb der gekennzeichneten Flächen parken, wenn dadurch der durchgehende Verkehr nicht behindert wird.

**Wichtig:** Diese Regelungen gelten nur dann, wenn in zumutbarer Entfernung keine andere Parkmöglichkeit besteht. Die höchstzulässige Parkzeit beträgt 24 Stunden.

### Spielt die deutsche Staatsangehörigkeit eine Rolle für Schwerbehinderte?

Auf die deutsche Staatsangehörigkeit kommt es hier grundsätzlich nicht an. Bei Ausländern ist es jedoch erforderlich, dass eine Aufenthaltserlaubnis oder Niederlassungserlaubnis bzw. eine Aufenthaltsgestattung zur Durchführung des Asylverfahrens erteilt wurde.

# Hilfreiche Adressen

## Adressen der Stadtverwaltungen nach Bundesländern

Baden-Württemberg:
Stadtverwaltung Stuttgart
Eberhardstr. 35–39
70173 Stuttgart
Tel.: (07 11) 21 60

Bayern:
Stadtverwaltung München
Marienplatz 8
80466 München
Tel.: (0 89) 2 33 00

Berlin:
Stadt Berlin
Friedrichstr. 219
10958 Berlin
Tel.: (0 30) 9 02 69-22 00

Brandenburg:
Stadtverwaltung Potsdam
Friedrich-Ebert-Str. 79/81
14469 Potsdam
Tel.: (03 31) 28 90

Bremen:
Stadtamt Bremen
Stresemannstr. 48
28207 Bremen
Tel.: (04 21) 3 61-0

Hamburg:
Stadtverwaltung Hamburg
Amsinckstr. 28
20097 Hamburg
Tel.: (0 40) 42 83-1 24 11

Hessen:
Stadtverwaltung Wiesbaden
Schlossplatz 6
65183 Wiesbaden
Tel.: (06 11) 3 11

Mecklenburg-Vorpommern
Stadtverwaltung Schwerin
Am Packhof 2–6
19053 Schwerin
Tel.: (03 85) 54 50

Niedersachsen:
Stadtverwaltung Hannover
Trammplatz 2
30159 Hannover
Tel.: (05 11) 16 80

Nordrhein-Westfalen:
Stadtverwaltung Düsseldorf
Willi-Becker-Allee 7
40227 Düsseldorf
Tel.: (02 11) 89 91

Rheinland-Pfalz:
Stadtverwaltung Mainz
Kaiserstr. 3–5
55116 Mainz
Tel.: (0 61 31) 12-0

Saarland:
Stadtverwaltung Saarbrücken
Rathausplatz 1
66111 Saarbrücken
Tel.: (06 81) 90 50

Sachsen:
Stadtverwaltung Dresden
Theaterstraße 11
01067 Dresden
Tel.: (03 51) 4 88 60 70

Sachsen-Anhalt:
Stadtverwaltung Magdeburg
Alter Markt 1
39104 Magdeburg
Tel.: (03 91) 54 00

Schleswig-Holstein:
Stadtverwaltung Kiel
Fleethörn 9–17
24103 Kiel
Tel.: (04 31) 90 10

Thüringen:
Stadtverwaltung Erfurt
Fischmarkt 1
99084 Erfurt
Tel.: (03 61) 65 50

## Adressen der zuständigen Behörden für Schwerbehindertenangelegenheiten

Baden-Württemberg:
Die Aufgaben des Landesversorgungsamts sind am 1.1.2005 auf das Regierungspräsidium Stuttgart, die Aufgaben der Versorgungsämter auf die 35 Landratsämter übergegangen. Alle Anträge, zu denen noch kein Bescheid erteilt worden ist, werden ab 3.1.2005 von dem für den Wohnort des Antragstellers zuständigen Landratsamt weiter bearbeitet:
Regierungspräsidium Stuttgart
Abteilung 10 – Landesversorgungsamt
Ruppmannstr. 21
70565 Stuttgart
Tel.: (07 11) 90 41 10 00

Bremen:
Versorgungsamt
Friedrich-Rauers-Str. 26
28195 Bremen
Tel.: (04 21) 3 61 55 41

Hessen:
Hessisches Amt für Versorgung und Soziales
John-F.-Kennedy-Str. 4
65189 Wiesbaden
Tel.: (06 11) 7 15 70

Bayern:
Zentrum Bayern Familie und Soziales – Region Oberbayern 1
Richelstr. 17
80634 München
Tel.: (0 89) 13 06 20

Berlin:
Landesamt für Gesundheit und Soziales
Versorgungsamt/Kundencenter
Albrecht-Achilles-Str. 62–65
10709 Berlin
Tel.: (0 30) 90 12-64 64

Brandenburg:
Amt für Soziales und Versorgung
Zeppelinstr. 48
14471 Potsdam
Tel.: (03 31) 2 76 10

Hamburg:
Versorgungsamt Hamburg
Adolph-Schönfelder-Str. 5
22083 Hamburg
Tel.: (0 40) 42 86 30

Mecklenburg-Vorpommern:
Versorgungsamt Schwerin
Friedrich-Engels-Str. 47
19061 Schwerin
Tel.: (03 85) 3 99 10

Niedersachsen:
Versorgungsamt Hannover
Am Waterlooplatz 11
30169 Hannover
Tel.: (05 11) 10 60

Rheinland-Pfalz:
Landesamt für Soziales,
Jugend und Versorgung
Am Rodelberg 21
55131 Mainz
Tel.: (06 131) 96 70

Sachsen-Anhalt:
Amt für Versorgung
und Soziales
Halberstädter Str. 39a
39112 Magdeburg
Tel.: (03 91) 6 27 30 00

Sachsen:
Amt für Versorgung
und Soziales
Strehlener Str. 24
01069 Dresden
Tel.: (03 51) 87 32 00

Schleswig-Holstein:
Landesamt für Soziale Dienste
Steinmetzstr. 1–11
24534 Neumünster
Tel.: (0 43 21) 91 35

Nordrhein-Westfalen:
Die Aufgaben der Vorsor-
gungsämter sind
auf die Städte und
Kreise übergegangen.
Versorgungsamt Düsseldorf
Erkrather Str. 339
40231 Düsseldorf
Tel.: (02 11) 4 58 40

Saarland:
Landesamt für Jugend,
Soziales und Versorgung
Saarbrücken,
Hochstr. 67
66115 Saarbrücken
Tel.: (06 81) 9 97 80

Thüringen:
Landesamt für Soziales
und Familie
Abteilung 3 – Versorgung
und Integrationsamt
Karl-Liebknecht-Str. 4
98527 Suhl
Tel.: (0 36 81) 73 32 22

## Literaturhinweise

„Ratgeber für behinderte Menschen", herausgegeben durch das Bundesministerium für Arbeit und Soziales

„Mobil mit Handicap", Informationsbroschüre der Deutschen Bahn AG

„Ratgeber für Schwerbehinderte", herausgegeben durch das Ministerium für Gesundheit, Soziales, Frauen und Familie des Landes Nordrhein-Westfalen

# Stichwortverzeichnis

# Stichwortverzeichnis